3日片づけ大成功！

1日目

押し入れ・クローゼット

バックヤードは不要なモノがたくさん。
ここで厳選するスピードをつけます。

押し入れ

空いているところにとりあえず詰め込んでいるので、取り出すのもひと苦労。

量は7割が基本です！

もともと使っていた収納ケースも利用して、どこに何があるのかがひと目でわかります。

2日目

キッチン・洗面所

毎日使う重要な場所がキッチンと洗面所。
使いやすい収納を目指しましょう。

キッチン

調理器具や調味料が外に出しっぱなしです。棚もモノであふれています。

＼モノを減らせば使いやすい／

要らないモノを厳選すればご覧の通り。気持ちよく料理に取り組めます。

洗面所

歯ブラシや洗顔料は出しっぱなし。洗濯かごは通路に飛び出しています。

＼掃除がしやすい水回りに！／

ハンドソープ以外は棚のなかへ。洗面所は使いやすさを考えて収納します。

3日目

リビング・玄関

リビングと玄関はいわば
“家の顔”。出ているモノは、
お気に入りだけに。

＼お客さまをいつでも呼べます！／

リビング

掃除のしやすさを優先し、ラグをなくしました。床の上はスッキリ。

クローゼットに不要なモノがたくさんあるため、布団が外に出てしまっています。

＼第一印象が良い空間に！／

玄関

置き物は厳選。季節に合わせて桃の花を飾るなど、好きなモノで玄関を飾りましょう。

いただきモノはラッピングのまま。子どもの遊び道具もあり、乱雑な印象。

一生、きれいな家をキープ！

「3日片づけ」の極意

一生ものの「心地よい暮らし」を手に入れましょう！

＼リバウンドしないための3ステップ／

STEP 1

「思考改革」で理想の暮らしを思い描く！

どんな家に暮らしたいか、
暮らしのなかで大切なことは何かを明確に。

↓

STEP 2

家一軒を「片づけ切る」！

モノを管理できる量まで捨てます。
収納に3割のゆとりをキープ。

↓

STEP 3

「リセット」できれいをキープする！

1日15分はモノを定位置に戻す時間。
毎日やればつねにきれいな状態に。

知的生きかた文庫

一生リバウンドしない！
奇跡の3日片づけ

石阪京子

三笠書房

はじめに

誰でも3日で片づけられるわけ

この本は、**「3日で家がまるごと片づく方法」**を書いた本です。そして、元の散らかった状態に戻るリバウンドは絶対しません。

3日で片づけを終わらせるには、取りかかる順番や考え方、しまう場所など、さまざまなコツがあります。

片づけは、やり方によってはつらく孤独な作業です。どれを捨てるか迷ったり、どこにしまうかわからないことがたくさんあります。そんなことがないよう、片づけをするときに一つ一つ答えが見つかるように、具体的に書きました。この通りにやるだけで、家一軒の片づけが迷うことなく3日で終わります。

反対に、「3日もかかるの?」と思う方がいらっしゃるかもしれません。二度と片づけをする必要がないので、一生のうちの3日間です。たった3日でもう片づけしなくてよいなら、やってみたいと思いませんか?

私は今、片づけられない悩みを抱えた方々と家を一軒片づけ切る「片づけレッスン」を行っています。コロナ禍以降はＬＩＮＥで間取り図や写真、暮らしの悩みを送ってもらいながら家を整える、ＬＩＮＥレッスンが人気です。

これまでに１０００軒以上の家々をすみずみまで片づけてきましたが、レッスンが終わっても、リバウンドをした方はひとりもいません。それどころか、自分に合ったライフスタイルを手に入れ、暮らしをより楽しまれている方ばかりです。「料理や掃除まで楽しくできるようになった！」と言ってもらっています。

理想の暮らしをキープするには……

今では片づけアドバイザーとして全国の方にレッスンや講演をし、テレビ・雑誌の取材を受けている私ですが、生まれつき片づけ好きだとか几帳面だとかでは全然なくて、実家の部屋はたいそう散らかっていました。

26歳で結婚し、娘と息子、２人の子どもが誕生して子育てが始まると、身の回りのモノが増え、ますます大変な状況に。友達が遊びにくるとなれば、ひと部屋に荷物を押し込み、「ここは開けないで！」なんて言っていました。

でも、その後、2つの変化がありました。

ひとつは、50代で大病を患い体が不自由になった義母の世話をするようになったこと。毎週末には義母の病院へ行き、連休やお盆、年末年始は帰宅した義母の自宅介護。家事に不慣れな新米主婦にとって、介護は荷が重いお役目です。だけど、家事も介護もどちらもやらないわけにはいきません。

そこで、普段から「どうしたら家事がラクになるか」「どうしたら時間にゆとりが持てるか」を試行錯誤するようになったのです。

もうひとつの変化は、夫が不動産業を営むようになり、私も手伝うようになったこと。不動産業に携わったことが、片づけに本格的に取り組むきっかけになりました。

土地を購入し、収納プランを考え、素敵なキッチンを購入し、理想の暮らしを夢見て建てるマイホーム――お客さまの傍らで、理想の家ができあがっていくようすを見るのは、自分のことのようにワクワクします。できあがった家を見ると、これから家族でどんな歴史を刻んでいくのだろうと、私まで嬉しい気持ちになります。

ところが……。半年後、仲よしになったある奥さまの家に行ったときのこと。ため息が出るほど素敵な家だったのに、真っ白な床には古新聞や雑誌が放置され、長い間掃除をしていないのか、髪の毛やホコリが浮いて見えました。ダイニングテーブルには食べかけのお菓子やパン、こまごまとしたモノが積み上げられ、雑然とした印象。

「ええ！　なんで!?」と、心の声を抑えるのがやっとでした。

「やっぱり家は3回建てなきゃダメなのよね。夫も子どもたちも片づけてくれないから、もっと収納つくったらよかったのかな〜」

奥さまはそう笑っていましたが、私はその明るさに救われながらも、なんとなく悲しい気持ちになりました。たしかに、家は3回建てないと満足のいくものにならないとよく言われています。でも、3回も家を建てられる人なんてそうそういません。理想の暮らしを夢見て建てた、人生でただ一度きりの家なのに、たった半年で理想の暮らしをあきらめなきゃいけないなんて……。それもモノが片づかないために……。

その後も、新築住宅を建てたお客さまの暮らしを気にかけていると、やはり多かれ少なかれ、1年もすれば散らかっていくようすを目の当たりにしました。

家が片づかないのって、本当に収納や家のつくりだけの問題なのかな。素敵な家を素敵なまま維持するにはどうしたらいいだろう。私に何かできることはないかな……と考えた末に、整理収納アドバイザーの資格をとることにしたのです。


だけど、もともと片づけに苦手意識を持っていた私ですから、資格をとったからといって、すぐにアドバイザーが務まる自信はありません。学んだ内容だけで、必ず片づけ切れるという確信もありませんでした。

そこで、まずは自分の家をすみずみまで猛烈に片づけ始めました。その過程では、夫との意見のぶつかり合いでめげそうになったことも数知れず。

「使っていないなら捨ててよ！」「置いとけるんやから、置いといてええやん‼」

ここには書けないほどの激しいバトルを通して学んだことで、逆に生徒さんの気持ちもそのご主人の気持ちもすごくわかるようになり、今は夫に感謝しています（笑）。

自分の家が終わったあとは、お客さまや友人に頼んで、家を無料で片づける「片づけ修行」に取り組みました。友人の友人のツテまで頼って、片づけに悩んでいる人がいると聞けば飛んでいく。気づいたときには50軒に達していて、ようやく自分のなかで片づけに自信が持てるようになりました。

そして、家が片づいたことで、みなさんの家庭にさまざまなことが起こり始めました。資産価値が上がって、売れなかったマンションの契約が決まったり、家でイライラすることが減り、喧嘩が絶えなかったご夫婦が旅行にいくほど仲が良くなったり。なかには、引きこもりだった息子さんが学校に行くようになるなど、奇跡のようなことがたくさん起きました。

私は自信を持って言えます。**片づけこそ、人生の根幹。**人の気持ちや考えも、家の片づけが進むにしたがってどんどん整理されて、なりたい自分、送りたい理想の暮らしへと変わっていきます。

リバウンドしない片づけ方法が大事

私の片づけレッスンでは、家一軒を丸ごと片づけるにもかかわらず、わずか3回でフィナーレを迎える家がもっとも多いです。生徒さんに最初にお伝えしている「思考改革」で片づけへの意識が変われば、どんな家も、3日あれば片づけ切ることができます。だから本書も、3日間のプログラムにしました。この通りに行うだけで、家一軒の片づけが終わります。

今回のコロナ禍でおうち時間が増えて、家を片づけたいと思った方、また実際に家を片づけた方も多いと思います。外出できないのならせめて、おうち時間を快適にしたい、それにはモノを減らしたり整理したりする必要があると、みなさん思われたからだと思います。

けれど、片づいている部屋を維持できず、リバウンドしているという方も多いのではないでしょうか。すっきり片づいた家を維持するには、リバウンドしない片づけ方法で取り組むことが重要です。

「これまで片づけ本をたくさん読んできたけれど片づかなかった」という方も、大丈夫。本書の通りに行えば、二度とリバウンドしない片づけ技術を習得できます。

どうぞこの本をご家族とお読みいただき、信じて進めていただけたらと思います。

目次

第1章 理想の暮らしを「片づけ」で手に入れよう

第2章

「3日片づけ」直前、スイッチが入る10の心得

第3章

奇跡が起きる。「3日片づけ」のすべて

3日目はリビングと玄関を整える

第4章

一生リバウンドなし。きれいな家をキープするコツ

第5章

片づけで3大家事の効率も格段にアップ

編集協力／マーベリック（大川朋子、奥山典幸、松岡芙佐江）
本文イラスト／今井夏子
本文DTP／株式会社Sun Fuerza
※本書の情報は、2022年6月現在のものに基づいています。

第1章

理想の暮らしを「片づけ」で手に入れよう

片づけができない人は、本当はいない

散らかった部屋に住む人は、「だらしがない人」「ズボラな人」という印象が一般的だと思います。「どうせ片づけたって、性格だから、元に戻っちゃうよ」と思っている人もいるかもしれません。

片づけレッスンを受講される生徒さんの家も、一見して散らかっている印象。床にモノが散乱し、出しっぱなしのモノがあふれ、引き出しのなかも美しいとは言えない状態です。

けれど、ほとんどの生徒さんは真面目で几帳面な方ばかりです。たくさんの片づけ本を読み、片づけブログで収納方法をマネてみて、どうして片づかないのか悩み抜いて依頼をされます。

「片づけても片づけても、一向に家が片づかないんです。もう疲れちゃって」

「モノはかなり捨ててきたんですよ。でも1週間もすると、床に置きっぱなしになっ

ちゃう。いつもそのくり返しなんです」

「子どもはおもちゃを片づけないし、主人も出したら出しっぱなし。私も服を脱ぎっぱなしにして椅子の上に溜めちゃって、探し物ばかりしています」


はじめましてのレッスンでは、みなさん疲れた顔でこんなことを言われます。


実際に片づけのプロに依頼されていた方も、何名かいらっしゃいました。

キッチンとリビングを片づけてもらったけれど、どこに何があるのか把握できず、使い続けるうちにまたモノでいっぱいになっちゃったという方。

「リビングに収納用品が足りませんね」と言われ、勧められて購入したスチールラックで壁が埋めつくされている部屋。

リビングに趣味の洋裁コーナーを勧められてつくってもらったけれど、「じつは手芸をする時間なんてなくて、片づけてもらったまま触ってもいないんです」という方のリビングには、さらに買い足された布がほこりをかぶって床に積まれていました。

高いお金を出してプロに片づけてもらったのに、すぐに元に戻っちゃったので、ご主人に叱られたという方も。

試行錯誤しながら片づけたにもかかわらず、失敗してきたみなさん。

その理由は次の2つを実践できていなかったからです。

「自分がどんな暮らしをしたいか知ること」

そして、

「家を一軒、片づけ切ること」

うまくいくにはこの2つが重要なのです。

自分や家族がどのような暮らしがしたいかは、他人にはわかりません。人生のなかで何を優先して暮らせば心が穏やかになるのかも、個人個人で違います。

他人に仕組みをつくってもらっても一時的なこと。実際に「どんな暮らしをしてみたいか」が見つからなければ、魂が安らぐ住処《すみか》にはなりません。

同様に、片づけ本をたくさん読んで実践しても、人生で何を優先したいのかを考えなければ、リバウンドが待っています。

「自分がどんな暮らしをしたいか知ること」というのは、人生で何を大切にしたいのかを明確に心に思い描き、その暮らしを実現するためには、どう片づければいいかを考えることです。

だから片づけを始める前に、あなたが暮らしのなかで大切にしたいことを、明確にしておく――。

多すぎるモノを減らすのも、モノをどこに置くかを決めるのも、みなさんが思い描く暮らし方が一番の指針になります。この指針があるからこそ、二度と散らからず、リバウンドもしない、まるで奇跡みたいな片づけが可能になるんですよ。

自分にとって優先すべきことを見つけ出し、思い込みを解いたうえで、モノとどう付き合っていくのか――これが片づけをするマインドとして必要なのです。

どんな家でも少ないモノで生活できる

私たちはみんな、「家がきれいになれば理想の暮らしができる」と考えます。でもこれは間違い。**理想の暮らしがあるから、家がきれいになるんです。**

ある生徒さんは、せっかく建てた一戸建てを後悔していました。建設予定地のすぐ隣に別の家が建つことが決まり、日当たりなどいろんな要素を考えて図面を変更していった結果、それが裏目に出てしまったのです。住みにくい間取りになってしまい、いざ住み始めたら後悔することばかりで、夫婦ゲンカが絶えなかったとか。

その後、2人のお子さんに恵まれましたが、人に見せられない場所がたくさんあって、子どもたちの友達も家に呼べませんでした。生徒さん自身、子ども時代は狭い借家暮らしだったため、友達を呼べる家に憧れがあったそうです。それなのに、自分たちが建てた家でも、子どもに我慢をさせることになってしまっている……。

「友達を呼べる家にしてあげたい」

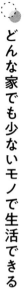

「せっかく建てた家を好きになりたい」

「主人のためにも、すぐにイライラしてしまう自分を変えたい」


これが、この生徒さんが片づけで大事にしたいことでした。

すぐ隣の土地に別の家が建たなければ……。図面の変更時に工務店がもっと的確なアドバイスをしてくれていたら……。もっと広い土地に家を建てられていたら……。理想の暮らしが手に入っていたかもしれません。

でも、今の家で理想の暮らしを叶えることも可能なのです。そのためのたったひとつの方法は、**自分が管理できる量までモノを減らす**こと。そうすれば、家はスッキリ片づいて、いつでも人を呼ぶことができます。モノがサッと見つかり、掃除や洗濯がスムーズになれば、イライラも減ります。

どんなに狭い家でも、片づけに対する考え方や家事のやり方を変えれば、少ないモノで身軽に生活することは可能。そのための方法を詳しく紹介しているのが本書です。

この生徒さんも、「モノをどう収納するか」「置く場所がないのは狭いからだ」という発想だったときは、モノに囲まれた生活から抜け出せなかったのですが、「子どもと一緒に過ごせる時間はあと何年？　優先すべきなのはモノではなく、子どもとの貴重な時間だ」と思考を変えたら、必要最小限のモノだけに絞り込むことができました。

こうした片づけは、人を責めたり怒ったりするのではなく、みんなが幸せでいられる方法を考えるためのもの。それは愛情から始まる行為、思いやりなのです。

本当に大切なことは「目に見えない」

私が思考を変えることの大切さに気づいたのは、50軒の片づけ修行に取り組んでいる最中でした。息子が中学1年生の夏休み、忘れもしない2010年8月3日のこと。

整理収納アドバイザーの資格を取得し、本を読み漁ることで、片づけ方はかなり理解したつもりでした。モノを減らして、分けて収納する。ちょっとした収納テクニックや、万能な収納用品を使えば、家は片づけられるんだって自負していました。

けれどこのとき起きた事件で、「家を整えることには、もっと深い意味がある！」と考え方が大きく覆されたのです。

その日、息子の部活の朝練があるにもかかわらず、私は不覚にも朝寝坊をしてしまいました。大慌てで送り出し、ホッとひと息ついたとき、息子の同級生のお母さんから電話がかかってきたのです。なんと息子が通学途中に事故にあったというではないですか。

「よそ見していてコケちゃったかな」と軽く考えながら現場に向かうと、あたりにはただならぬ雰囲気が漂っており、息子は目をつむって歩道に倒れていました。

何度声をかけても、身動きひとつしない息子。朝といえどもアスファルトがあまりにも熱いので日陰に移そうとすると、周りの方に「動かさないほうがいい」と止められたことぐらいしか覚えがないほど、気が動転していました。

あのときは、息子を失ってしまうかもしれないという恐怖だけがありました。すべて寝坊して慌てて送り出した自分のせいだと、ただただ泣いていました。

幸い、救急病院で息子の意識は戻り、命には別条がないことがわかりました。ただ、股関節の大腿骨頸部《だいたいこっけいぶ》がぐしゃぐしゃの状態で、最悪のときは脚を切断しなければいけないとのこと。なんとか手術は無事に終わったものの、先生からはこう言われました。

「普通に歩けるようになることを期待するより、命が助かってよかったと思われたほうがよいですよ」

手術後は、夫と毎晩交代で病院に泊まり込む毎日。家族がなにごともなく平穏に暮らせることがいかにありがたいことだったのか、しみじみと思い知りました。

息子もきっと不安でいっぱいだったのでしょう。表情はどんどん暗くなっていきました。そんな息子を少しでも楽しませようと、夫は毎日のようにＤＶＤやパソコンゲームを持ち込んだりしていましたが、息子の心からの笑顔は見られませんでした。

ところがある日、息子の友人たちが大きな千羽鶴を持って突然お見舞いに来てくれたのです。そのときの息子の笑顔といったら……！

本当に大切なことは、目には見えないんですね。**人はモノで癒やされず、人との関わりや優しさのなかで癒やされる**んだということを、身をもって実感したのでした。

片づけ終着点は「思い出をつくり、体や心を癒す場」

息子は、１カ月半の入院を経て自宅に帰ってきました。ボルト３本で骨を固定し、定着するまでは油断できないと言われての退院。車いす生活となり、お風呂に入るのも、絶対に脚に体重がかからないようにしなければいけませんでした。

家のなかで怪我をしないように、床にモノを置かないこと。

車いすでもスムーズに動けるように、生活動線を整えること。

モノが使いやすく、そして部屋が絶対に散らかることのないように収納すること。

息子の暮らしやすさと、家族で過ごす時間を大切にするために、真剣に家を整えました。1階に移した息子の部屋も、家族で過ごすリビングも、キッチンも玄関もお風呂場も洗面所も、全部散らからないように、生活がしやすいように考えました。

行き着いたのが、**生活のすべてをシンプルにしていく片づけ法。**

ズボラで面倒くさがりの私ですから、無理があっては長続きしません。息子の脚が治るのか、治るとしてもいつになるのか、当時はまったくわかりませんでしたから、長期戦の構えです。とにかく簡単に、ラクにきれいに維持できなければ、私を含め、家族の一人一人に負担がかかってくる。それではみんなの笑顔が曇ってしまいます。

私の片づけメソッドは、このときの体験がベースになっています。

たくさんの優しさに見守られ、息子の脚は病院の先生に驚かれるほどのスピードで回復し、半年後には杖なしで歩けるようになりました。リハビリの効果もあり、翌年の体育祭ではなにごともなかったかのように元気に走っていました。友達やそのお母さんたちに「よかったね！」と言ってもらい、たくさんのうれし涙を流しました。

そして私は、息子の事故によって、家を整えるには明確な動機が必要だと意識するようになりました。家族の大切さを思い知ったことで、家族全員が楽しく過ごせる空間、心穏やかな時間をつくり出すことが、自分にとっての片づけの意味だとよくわかったのです。

「家はモノをため込む場所ではなく、思い出をつくったり体や心を癒す場なんですよ」

レッスンやブログで私が何度も申し上げる言葉は、このときの経験から出たものです。**ただきれいな部屋に住みたいから、ただ家事の手間を減らしたいからというだけなく、その先につながる明確な想いがきっとあなたにもあるはず。それがあなたにとっての片づけの意味。**片づけのなかで、一番に優先すべきことです。

「子どもたちと遊んであげられる時間をもっと多くとりたい」

「人とのつながりを大切にできる空間にしたい」
「仕事で疲れた体をのんびり癒やせる空間にしたい」
「新たな挑戦に向けて集中できる空間にしたい」

たった一度の人生。こうなりたいという理想があれば、そこに向かっていつの間にか動いていけるものです。大げさに思われるかもしれませんが、その最初の一歩が部屋を片づけること。すべてはそこからつながっているんです。

多すぎる荷物では失うことばかり

家を片づけ始める前に、私は生徒さんと1時間ぐらいかけて必ず話をします。レッスンではそのことを**「思考改革」**と呼んでいます。

モノと向き合う前に心と向き合っていただき、自分でも気がついていない**「モノより大切な目に見えないこと」を掘り出していくための時間**です。

私は息子の事故がきっかけで思考が変わりました。生徒さんにも、家を整えることの本質と動機をとことん考えてもらいます。それが思考改革の第一歩。

なぜ貴重な時間とお金をかけて、片づけをしたいと思ったんでしょう？　どんな暮らしを幸せと感じますか？　理想の暮らしはどんな暮らし？

「スッキリした暮らしがしたい」
「片づいた家でのんびりしたいです」

もうすこし掘り下げて考えてみてください。どうしてスッキリ暮らしたい？　どうして片づいた家で過ごしたい？　答えはみんな違います。

「子どもが受験なので、家を整えてあげたい」
「家が汚くて友達なんて呼べないと子どもに言われちゃった」
「散らかっていて落ち着かず、心が休まらない」
「リモートワーク用のスペースがなくて仕事に集中できない」

「片づかないことが原因で、子どもや夫にあたってしまう」

「持ち家がほしいのに無計画に買い物をして、お金の管理ができない」

「子どもが巣立ったので自宅で趣味の教室を開きたいが空間がない」

「毎日片づけ、探し物ばかり。こんな暮らしからもう抜け出したい」


これらのお悩みを、よくよく突きつめてみましょう。

・時間のロス　・金銭のロス
・健康のロス　・人間関係のロス
・子どもの成長のロス

どれもロスばかりです。家が片づいていないと、こんなに失うことがあるんです。それなら**子どもが勉強しやすい空間にしよう、簡単に家事ができる空間にしよう、人を呼べる家にしましょうよと、すべてを「プラス」に変えて考えていけばいい。**これが思考改革です。目標が決まればあとは進むだけ、体を動かすだけです。

たくさんの買い込んだモノに振り回される暮らしは、便利どころかその真逆。まったく自由が利きません。自分で管理できる量にモノを絞り込めば、すべてのロスはなくなります。モノをすべて把握し、家に後ろめたい場所がなくなれば、人生前向きに生きられます。なりたい自分になるのも、思い描いた暮らしを送るのも、家が片づくことでかなり身近になるんです。持ちすぎたモノを手放して、足かせを外していきましょう。

理想の暮らしは、大好きなモノがたくさんあるから手に入るわけではないんですよ。心豊かに過ごせる時間や心地よい空間、大好きな人との交流で手に入るんです。

モノより大切なことを心に刻んで片づけ始めると、迷いなく大切なモノを選んでいけるようになります。

それがレッスンスタートで行う思考改革の時間です。

部分片づけでは「リバウンド」が待っている

片づけのときに大切なのは、「家を一軒、丸ごと片づけ切る」ということがあります。

「膨大なモノを前にくじけそうになりながらも、一念発起してリビングを片づけたのに、あっという間に元に戻ってしまった……」という経験、じつは私にもあります。

モノは流動的です。こちらの部屋からあちらの部屋へと動いていきます。

だから、「キッチンだけ」とか「クローゼットだけ」とか「リビングだけ」のように、「部分」を片づけるだけで終わっては、すぐに元に戻ってしまいます。つまり、**ダイエットと同じで、待っているのは「リバウンド」**です。

ひと部屋でも片づいていない物置き部屋があると、汚い空間に目が慣れてしまいます。審美眼が衰えるのです。自分でも気づかないうちに、きれいにした部屋にもモノが流入してきて、「いつの間に散らかったの!?」ということになってしまいます。

片づけようと思ったら、家一軒片づけ切ること。本書ではそのために、片づける順番にもこだわりました。「モノが多すぎてどこから手をつければいいのか、途方に暮れちゃう」という人でも、迷いなく実践できると思います。

きれいな空間をひとつずつ増やしていくと、汚い空間が自然と気になるようになります。そう、人は汚い空間にも慣れますが、きれいな空間にも慣れるんです。

片づかない家は一軒もありません。本書を片手に、あきらめないで歩みを止めず、一軒丸ごと片づけていきましょう。

片づけ切ると、自分の時間がたっぷりと持てる

家一軒の片づけが終わると、暮らし方が変わってきます。

片づけレッスンは体力仕事。「毎日の家事とレッスンで疲れませんか？」とよく言われます。もちろん年齢的にも疲れますよ（笑）。

けれど、時間配分や家事のやりくりが、片づけの経験を積むうちにどんどん磨かれていったような気がします。ちょっとやそっとの不測の事態が起こっても、あまり慌てることなく対処できるようになりました。

以前の私は、仕事も家事も無計画。仕事が長引けば家事も長引き、翌朝は疲れてしまって目覚まし時計が鳴っても気がつかないこともありました。息子の事故もそんなバタバタとした日々のなかで起こってしまったことでした。

レッスンも、以前は移動時間にかかわらず引き受けていました。レッスンが長引き、

帰宅時間が遅くなってお惣菜や外食が増えたら、何のために仕事をしているのかわかりません。家族そろって食事ができる時間が一番大切なことだったのに……。

部屋の片づけに関しても、以前の私は家族が散らかしたモノを元の場所へと移し、散らかればまたせっせと元の場所へと戻し……のくり返し。部屋はすぐに散らかって、「片づける」→「散らかる」→「片づける」→「散らかる」の無限ループに陥っているかのようでした。

片づかないのは「収納が悪いから」と、押し入れやクローゼットの使い方を駆使することばかり考えて、カタログで隙間収納を買っては失敗したりしていました。**本当に大切なのは、余分なモノをしまい込む場所をつくるより、余分なモノを手放すことだったのに。**

今なら、**毎晩寝る前に私が「リセット」と呼んでいる「15分の片づけ」を行うだけで、「部屋が散らかる」という状況とは無縁になりました。**

突然の来客があっても焦る必要はなし。キッチンもつねに整理されているので、料理も手早くつくれます。

ほこりを見つけたら、つねにエプロンのポケットに入れている掃除用の布巾でさっと拭い、掃除は週に1～2回、掃除機をかけるだけでOK。年末の大掃除も、大変じゃなくなるので身構える必要はありません。

朝は乱れのないスッキリした部屋で目覚め、やらなくてはいけない家事が減っていて心も軽い。夜はキッチンとリビングを手早くリセット。シンクの水滴を拭ってピカピカにして、「明日もいい日になりますように」と気持ちよく眠りにつけます。

いつ誰が来ても気兼ねなく家に入ってもらえて、掃除や料理がスムーズにできて、リビングではゆったりのんびりと寛げる。「よ～しっ♪　何か始めよう」というエネルギーが湧いてくる空間――。

以前よりも忙しい生活を送っていますが、この空間があるおかげで、夕食後に夫と2人で映画を見るなどリラックスした時間を持てています。

毎日、ブログを書いたり、本を読んだり、のんびりお茶をしたり、ストレッチをしたりする時間がとれるのも、掃除や料理、片づけに時間がかからないおかげです。

もともと片づけに苦手意識を持っていた私が、今はこんな空間を維持できている！ **片づけが変われば、暮らしも家事もこんなに心地よくなるんです。**

忙しい暮らしのなかで、家族と笑いながら過ごせる時間は私の宝物です。だけど、心にゆとりがあるおかげで、仕事や忙しさそのものも、私の宝物になっています。みなさんも家一軒を片づけ切った向こう側にある、理想の暮らしを手に入れましょう。

片づけで手に入れた理想の暮らし

最後に3人の生徒さんから届いたメールを一部掲載し、次の章に進みたいと思います。みなさん、すでに家一軒を片づけ終わり、**片づけの向こう側にある理想の暮らしを手にいれた方ばかり。**どうして片づけたいと思ったのか、どんな葛藤を乗り越え、どんなふうに気持ちを整理してきたのか——そんなことに思いを馳せながら読んでいただければ幸いです。きっとみなさんの思考改革の参考にもなると思います。

＊　＊　＊　＊　＊

今までは掃除機をかける前に床をきれいにするのに時間がかかっていて、掃除機をかけるときにはすでに疲れた状態……。

ですが、今は床のモノを片づける必要がなく、すぐに掃除機をかけられます。

休みの日の朝のお掃除の時間がかなり短縮されたので、掃除の疲れが出ることなく、予定通りの充実した1日を過ごすことができます。

おうちがきれいになることで、精神的・身体的にかなり変わることに驚き、とても喜んでいます。

最初のお話「思考の改革!!」で、自分の描いているおうちというものが頭に浮かびきれいにしたいという思いもさらに強くなりました。

同時に、片づけが進むにしたがって、自分の想像するきれいなおうちが現実になってきたんです。

今回、洋服をかなり捨てましたが、あのなかには
昨年購入して一度着たかな⁇　っていうコートがあったんです。
以前の私なら「もったいない」と思って、「売りに行く」とか
「これは捨てられない」って言っていたと思います。
ですが、服を整理することで、自分が思い描いていたおうちが、
想像の世界ではなく現実になるという確信があったので、
さらにいらないモノを捨てるという考えがパワーアップしました。
売りに行く手間。売りに行くまでそれが家にある＝売るまではきれいにならないと
思うと、ゴールは見えているのに今日ゴールできない!!　と悲しくなり
「今日ゴールしたい」っていう気持ちが勝ちました!!
こういう気持ちになったのも、最初に思考改革のお話をしていただき、きれいな家
にするにはどうすればいいのかということが頭にあったからだと思います。

＊　＊　＊　＊　＊

片づかない家にイライラして子どもにあたってしまったり、出張から疲れて帰ってきた主人が「やっぱ家はいいなぁ。家族はいいなぁ」と言ってくれるたびに、（こんな片づけていない家やのに……）と申し訳ない気持ちでいっぱいでした。

もっと家族がくつろげる家にしたい、すっきりした家にしたいという思いで、勇気を出して先生にメールをしました。


思考改革のお話では、今私にとって何が大事なのか、これからどんな暮らしがしたいのか再確認することができ、なかなか捨てることができなかった大量の衣類をきっぱり処分できたときは、心に重くのしかかっていたものがフッと軽くなりました。

初日に子ども部屋が完成し、長女が喜んで走り回っている姿は一生忘れません。

長男は「すんげー！」「この部屋は天国やな！」と言ってました！

今はのびのびと子ども部屋で2人で遊んで、ちゃんと片づけをしています。

朝の準備も自分でやってくれます。

週末にお掃除する約束も息子は覚えていますよ！

いつかベッドを置いたら、そのときは好きな柄のカバーを選ぼうね！　と話すと、どの色にする⁇　とワクワクしながら考えています。

先生と一緒に片づけをしていなかったら、
子どもの好みや意思を尊重する大切さにも気づけなかったと思います。

娘のパジャマはいつまでも恐竜や昆虫だったかも……。

片づけをすることで、これからの人生がもっと楽しみになってきました。

すべては心の持ちようで決まりますね！

スッキリした暮らしをしていたら、いつも幸せな気持ちでいられると思います。

＊　＊　＊　＊　＊

モノに愛着（執着）がありすぎて捨てられなかった私が
先生との楽しい時間を過ごしている間に改革されていきました。
もちろん苦しいときもありました。自分が買ったモノは割と簡単に手放せるのに、人からいただいたモノはどうしても手放すことができず、葛藤したり……。
でも先生がサラッとおっしゃってくださる言葉に背中を押されて、
「ありがとう」「さようなら〜」とお別れができました！

胸いっぱいになりつつさようならして、そのぶんいろんな変化がありました。
一番は私の気持ち。家やモノを大事にできていないから、
主人、主人の両親や子どもたちに申し訳なくて、
心が苦しくて、何も自信が持てなくて……。
あらゆる片づけ本を読んでやってみるもののリバウンド。
どうしていいかわからず泣けてきたりしました。
それが先生とお会いして、思考改革から始まり、厳選して大量のモノたちが
なくなっていくと、だんだんと心がほぐされて、気持ちが楽になりました。
子どもたちは自ら掃除をしたり、料理をしたり、さらには成績が上がったり！
パパはご機嫌に。
家のなかには清々しい空気が流れています。声もよく響きます（笑）。

第2章

「3日片づけ」直前、スイッチが入る10の心得

1 片づけ前に収納グッズを買わない

さあ、片づけるぞ！　と意気込んで、とりあえず100円ショップに行ったという経験、みなさんにもありませんか？　もしくは、通販サイトを熱心に見たりとか。

レッスンに行ってよく目にする光景が、すきまなく並べられた収納用のカゴやケース。そして、そこからあふれ出た大量のモノたちが行き場を失っているようすです。

雑誌や収納ブログでも、「収納ケースをそろえてスッキリ！」なんて、整然とケースが並んでいる写真に出会うとワクワクします。だから、買いたくなる気持ちはすごーくよくわかるのですが……。実際のレッスンで**最終日に一番大量に出る不用品が何かと言えば、それは使う場所がなくなった収納ケースなんです。**

家のなかのモノを厳選したあとは、生活動線に沿ってモノの住所を決めていきます。このとき、何をしまうのか明確になっていない段階で購入した収納グッズは、たいてい使えないことが多い。

「押し入れにできたこのスペースに、推し活グッズを入れよ～っと♪　あれ、この収納ケースじゃ全部入らない……？」

こんなふうに残念な結果になるのがオチなのです。

収納されるモノによって、必要となるケースは違ってきます。一番大切なのは、しまったモノを見つけやすく、取り出しやすく、片づけやすくすること。そのためには、**片づけ前に収納グッズを買うのではなく、片づけ後に買うのが正解！**

そう思っていても、収納グッズの誘惑はかなり大きくて侮りがたいので、よくよく注意しておいてくださいね。

レッスンが進んで、生徒さんが自発的に片づけを始めると、必ずといっていいほどこんなやり取りがくり返されるのです。

「ついつい収納グッズを買いたくなりますが、ここはガマンですよね？」

「あはは。まだ買っちゃダメです。ちなみに何を買いたいですか？」

「深いクローゼットを使いやすくする棚とか、オーディオをのせるキャビネットとか」

「まずは厳選。入れるモノがなくなるほどモノが減りますから」

片づけをするからには、〝入れもの〟が必要、というのは思い込み。〝入れもの〟があったほうが使い勝手がよくなるだろうというのも思い込み。

本書では、家にある「紙袋」や「空き箱」を使って片づけを進めていきます。まずモノを「紙袋」や「空き箱」でカテゴリに分けておき、置き場所となる「住所」はそのあとに決めます。このほうがあとあと使い勝手のよい収納が実現できます。

家にあるモノを使って片づけられるので、お金もかからず経済的ですよ。

2 モノを全部出して厳選するだけでもOK

本書では、3日間で一気に片づけ切る方法を書いています。片づけにかける時間は、少なければ少ないほどいい。それだけ理想の暮らしとも早く出会えるし、有意義な時間が増えますものね。

けれど、忙しくてまとまった時間が取れない方、家族が協力してくれない方は、たとえば、**日曜日だけ3週にわたって行ってもいいんです。**もっと言えば、**「引き出しを1日ひとつ」の5分間片づけからでも、家一軒の片づけは始められます。**

引き出しからモノを全部出して厳選し、元に戻す。あるいは化粧品などひとつのカテゴリのモノを全部集めてきて厳選する。

今日は薬箱だけ。明日は時間がちょっとあるから下駄箱をやろう――。

こんな小さな「きれい」をコツコツつくることでも、「きれいな空間って心地いい」と感じられるようになっていきます。

厳選する時間がないときは、同じカテゴリに属するモノのまとまりをつくって、「紙袋」か「空き箱」に入れ、ラベリングだけしておけばＯＫ。「文房具チーム」「写真チーム」「思い出チーム」「ドラッグストアチーム」など、モノをざっくり仲間で分けておけば把握できて、次に再開したときサッと厳選に取り組めます。

もし片づけに取りかかって、途中でごはんの時間になったり、子どもがぐずったりしたら、そこでやめて、モノを紙袋にぽんぽん戻しておけばよいのです。

美しく整えた引き出しをうっとり眺めながら、それで「心地いい」「気持ちいい」「楽しい」と思えたら、次はまとまった時間が取れたときに一気に進めればいいのです。

無理をして片づけると、片づけが嫌いになってしまいます。

それよりは、ストレス解消ぐらいに考えて、引き出しをひとつ片づける。これで片づかない家は、今までに一軒もありませんでした。

3 家事が苦手な人、忙しい人ほどモノを減らすつもりで

片づけを成功させる最大の秘訣は、家のなかにあふれたモノをいかに手放すかです。最初のうちは収納のことなんて考えず、どんどん手放していくこと。

家のなかのモノが少なければ、動線を考えるのだってラクにできます。モノが少ないほど把握しやすくなり、置きたい場所に置けないという悩みも減ります。

だから最初はとにかくモノを減らすこと！　モノを必要最低限に絞って、身軽に暮らす。これができれば、**片づけの9割は成功したも同然**です。

だけど、**片づけで一番難しいのも、モノを手放すこと。**一見、すごく簡単なことのように思えるのに、やってみるとこれがなかなか難しいんですよね。

私のレッスンを受講される方たちも、みなさん「モノは少なく」なんて、言われなくてもわかっています。そして、手放す努力も惜しまない。

なのに、なぜかうまくいかない。たくさんモノを捨てたはずなのにスッキリしない。「なぜ？　どうして？　本に書いてある通りにやったのに……」と、行き詰まり、最後の手段としてレッスンを受講するという方がほとんどなのです。

じつは、**管理できるモノの量というのは、個々人によって違いがある**のです。

捨てたはずなのにスッキリしないのは、モノを管理できる以上に所有しているから。捨てたと思っていても、まだ管理できる量以上のモノがあるということなんです。

仕事がとても忙しく、いつも駆け足で生活している人と、家事に使える時間や家のなかにいられる時間を長く持てる人とでは、管理できるモノの量が違います。何をするにも体が勝手に動いて、手早くやれちゃう人と、家事が苦手で仕事と子育てにてんやわんや、くたくたに疲れている人では、管理できるモノの量が違いますよね。

「実家ではもっとモノが多かったはずなのに、ウチのお母さんは私と違って案外こぎれいに暮らしているんだけどなあ……」

という違いが出るのはそのため。

忙しい人、家事が苦手な人ほど、モノを減らしていきましょう。忙しい人はそれだけ、モノを管理する時間も少ないのです。

大切なのはモノではなく、家族と過ごせる時間や、あっという間に過ぎてしまう子育ての時間。そして穏やかな気持ちでいられる時間です。モノで埋められないものを、モノを手放すことで得ることができます。

4 収納スペースには3割のゆとりを確保

片づけが進むと、引き出しや戸棚にはたくさんのスペースが生まれてきます。

こうなってくると、レッスンでは、「ここに何を入れたらいいですか?」と聞かれるようになります。けれど、入れるモノがすぐに思いつかなければ、「何かを入れなきゃ」と思う必要はないんですよ。

私は、「ここには何も入れないの。スペースには心のゆとりと愛情が入っていると思ってくださいね」。なんて答えて、生徒さんをキョトンとさせています。

じつはこの**生まれたスペースこそ、家をいつも美しくストレスフリーに保つために必須の空間。**収納がゆったりとしていれば、使ったモノを元に戻しやすくなります。家事が苦手な人でも、忙しい人でも、簡単ラクチンな収納法です。モノをポイポイ投げ込んでおいてもそんなに乱雑にならないし、整えるのも手間いらず。

棚に空きがあれば、突然かさばるモノがやってきても一時的な置き場所にできます。

「ちょっと預かってて」と頼まれたモノも、快く引き受けられます。プレゼントをあげるまでのあいだ、置き場所にしてもいい。

このように住所を決めるほどではないけれどちょっとだけ滞在する、というモノたちもやってきます。そんな流動的なモノがやってきても、少しのスペースがあれば、床の上に無造作に置かれることがなくなります。どんなモノにも定位置が決まって、家はいつでもスッキリ。

だから、**収納スペースには3割のゆとりを心がけ**

ましょう。押し入れもキッチンの戸棚もリビングの引き出しも、すべて3割のゆとりを。空間のゆとりは、心のゆとりにもつながるんですよ。

5 衣類の生活必需品は「定数管理」と覚えておいて

「3割のゆとりスペースなんて、絶対ムリ！」と思われた方もいるかもしれません。でも、それがそうでもないんです。「家が狭い」「収納が少ない」とあきらめる必要も、大好きなモノを手放す必要もなく、ちょっと考え方を変えるだけで簡単にできちゃう。

みなさんも、大好きなモノは手放したくないですよね。

私は食器が好きなので、たくさん持っているほうだと思います。おもてなし用のプレートやガラスの器。蒸し野菜をそのまま食卓に出せる蒸籠《せいろう》。好きな陶芸作家さんの器。

これらは私にとって、暮らしを豊かに彩ってくれる大切なモノたち。片づけは大切なモノを使いやすく、人生を楽しむためにすること。決して捨てることが目標ではありません。そこで**私は大好きなモノのスペースを確保するために、生活必需品の所有ルールを決めました**（詳しくはP96参照）。

たとえば下着や靴下、パジャマやハンカチ、タオルといった衣類の生活必需品。これらは必要最低限の数で管理し、「ダメになったら買い替える」方式をとっています。モノの数量をあらかじめ決めて管理するので、**「定数管理」**と呼んでいます。

私の場合、パジャマは1人2組、下着は5枚、タオルは家族の人数＋2枚が目安。普段家族が使うタオルに、洗い替えやストックは用意していません。洗濯したらそのまま同じものを使います。使い込んでゴワゴワになれば新しく買い替え、古いモノは処分。そうすればいつでもタオルはフワフワ、家にもモノが増えていきません。

最低限に数を減らせれば、管理がとってもラクになりますよ。

6 備蓄が必要なモノはきっちりストック

洗濯用の洗剤やトイレットペーパー、シャンプーやリンスといった消耗品について、これまではストックはゼロ、もしくは1個までと考えていました。すぐに手に入るモノを家にたくさん置いておくことで、家事がやりにくくなるからです。

けれど、今回のコロナ禍を機に「備蓄」のルールを見直しました。

トイレットペーパーやマスクなど、売り切れて買えなくなったら困る日用品は、1カ月分はストックを用意しておきましょう。とくに、手を消毒するアルコールジェルや、食品にも使えるアルコールスプレー、ビニール手袋などの感染症対策品は、きっちり備蓄しておく必要があります。

地震や台風などの自然災害では、まずは水の備蓄が重要。一人あたり3ℓ×3日分が必要です。**非常食のアルファ米、レトルト食品なども、3日分**を備えておくと安心です。ただし、収納スペースに3割のゆとりを確保するために次の3つを心がけてください。

①定数管理&定位置ストック
②何でもかんでもストックしない
③多用途に使えるモノを選ぶ

普段から使うモノなので、①の定数管理とストック場所を決めて、あふれないように管理することはマスト。それには、使ったら使った分だけ買い足し、つねに一定量を備蓄しておくローリングストックを心がけることもポイントです。

②の、備蓄が必要なモノと必要ないモノを見分けることも大事です。たとえばボディーソープや柔軟剤。なくなりかけたらすぐにわかるし、なくなったとしても命に関わらないですよね。そうしたモノのストックは1個まで。「安かったから」と買い溜めしても、倉庫代として費やす家の値段のことを考えると、財布にとっても片づけにとっても優しくあり

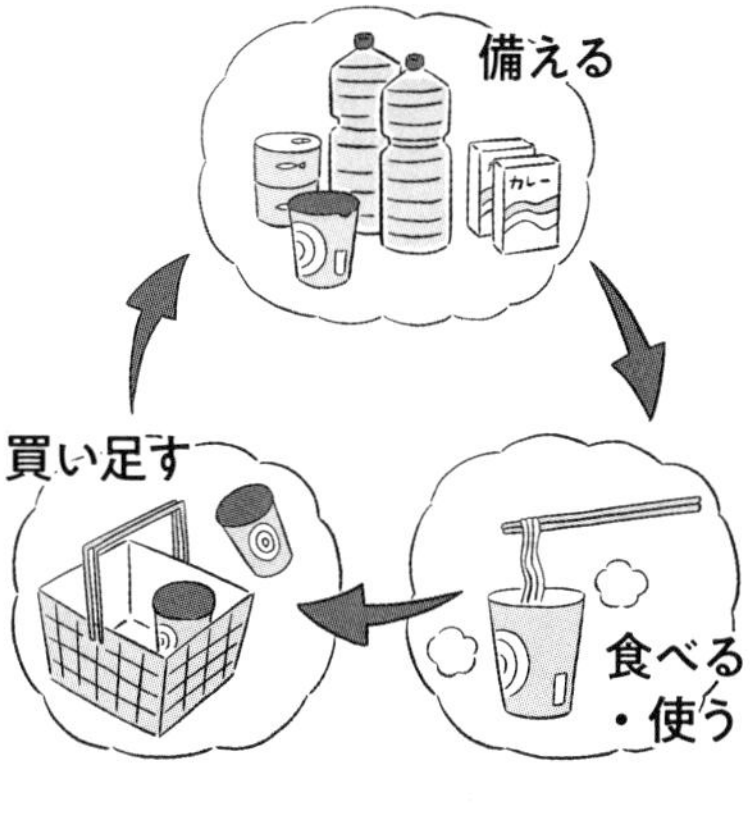

ローリングストックとは？

普段から買い置きしているレトルトカレー、乾麺、缶詰などを多めにストックし、日常生活で消費したら、買い足すようにする食料備蓄の方法のこと。

ません。しかもそのストックたちによって、理想の暮らしが遠のき、家事までやりにくくなっているとしたら……！

そして③は、ひとつのアイテムで色々な役割を果たせるものを選ぶということ。私が愛用している「ドーバー　パストリーゼ77」がいい例で、アルコール除菌スプレーで食品にかけても安全なうえ、お掃除にも使えます（詳しくはP135参照）。

7 捨てる罪悪感と向き合ってみて

モノを捨てるときって、どんな人でも後ろめたい気持ちになるんじゃないでしょうか。

「高かったから」「限定品だったから」「まだ使えるし、もったいない」「せっかくのいただきものなのに」

その思いのほうにばかり心が向かうと、「置ける場所もあるし、ま、ここに置いておこう」と、〝とりあえず〟で見て見ぬフリをしてしまいます。すると、それらが積み重なり、押し込まれ、やがてなんだか窮屈な空間になっちゃった、と気づくことに。

私は短大卒業後に入社した電機メーカーで働いていたとき、「ひょっとして服飾デザイナーの娘……?」とウワサされるほど、洋服をいっぱい持っていました。給料のほぼ全額を洋服やバッグにつぎ込んで……、10年間、そんな調子でした。

会社を辞めて子育てが始まってても、手放せない洋服はクローゼットの片隅でぎゅうぎゅう詰めのシワクチャになっていました。クローゼットは洋服でいっぱいなのに、着たい服がないという状態。

「今は家族がいて自由に使えるお金も限られているんだから、もう買えないかもしれないし……」と思うと、よけいに手放せない。そんな時期もありました。

私がぎゅうぎゅうのクローゼットにストレスを感じて、思い切って整理したときには、「これをお金にしたら貯金がいくら増えただろう。そのぶん自分に投資してスキルアップしたほうがよかったかも……」なんて、たっぷり罪悪感を味わいました。

けれど手放してしまえば、しばらくたつと何を手放したのかさえ分からなくなっていました。手放した罪悪感より、圧倒的に心地よさが勝ったのです。

自分と向き合ってちゃんとお別れしたら、気持ちを引きずることがないのは、まるで恋愛みたいだなと思います（笑）。昔のしがらみにずるずる縛られず、輝く未来を夢見てスッパリ、バッサリ！　さようなら〜！

こうやってお別れすると、次にモノを選び家に入れるときは、長く大切にできる心地よいモノを間違いなく選べるようになりますよ。

モノ選びが上手になれば、人生で大きな選択をしなければいけないときにも、間違いがないと思います。自分にとって何が必要で、何が必要でないかを見極めるために、頭と心を整理しておく習慣がつくんです。

始まりは、捨てること！　反省して、次に活かせばそれでいいのです。捨てるときの罪悪感、しっかり味わっておきましょう。

8 〝てっとり早く〟手放せばストレスフリー

モノを捨てるのって、なんとなく気持ちも腰も重くなります。

使っていないブランドもののバッグなんかをクローゼットから掘り出したら、「あー、これ高かったんだよね」と、フリマサービスに出そうと考えたり、人にあげようとしちゃったり。捨てるのは罪悪感があるので、せめてもの罪ほろぼしをしたくなる。

でも、フリマサービスは、出品から発送、取引相手に対する評価付けまで、けっこう手間と時間がかかります。苦にならない人にはおすすめですが、面倒だと感じる場合は、モノを手放すことへのハードルがさらにひとつ上がってしまう。

同じ売るなら、私のようにめんどくさがりの人には、段ボールひとつに詰めて郵送できる宅配買い取りサービスの利用をおすすめします。あるいは、お小遣いにはなりませんが、ボランティア団体に送るのもいいアイデア。

本当に**一番てっとり早いのは、ごみ袋に入れちゃうこと**です。モノを手放すときは、〝てっとり早く〟が肝心。本当に「もったいない」のは、モノを手放すことではなく、家がモノであふれ返って心地いい空間が手に入らないことです。

いつまでもモノを手元に置いておかないといけない状態は、けっこうストレスになりますから、てっとり早く手放せる方法を優先しましょう。

それから大量のモノを発掘していると、「捨て方がわからない〜！」というモノがいくつか出てくると思います。

たとえば、使用期限を大幅に過ぎたカセットボンベ。「使い切って捨てること」のような表記があるけれど、使い切れずガスが残ってしまったボンベはどうやって捨てればよいのでしょう？　そんなときは、メーカーや自治体のＨＰなどで確認しましょう。最近は処分方法を掲載しているメーカーも増えました。

そのほか、使い切れずに固まってしまったマニキュアや、エアゾールの殺虫剤など、どうやってごみに出せばいいかわからないものに遭遇したら、すぐに確認。

いつでも調べられるように、レッスンのときは手元にはつねにスマホが置いてあります。

捨てるときは〝てっとり早く〟。動かさなければ、ごみはいつまでもそこに居続けますが、動かしてしまえば、あっという間に家のなかがスッキリします。

捨て方に迷うモノの例	一般的な処分方法の例 ※詳しくはお住まいの地域の自治体へ確認
使わない家電	エアコン、テレビ、冷蔵・冷凍庫、洗濯・乾燥機は、メーカーや販売店に引き取り依頼。それ以外は不燃ごみと粗大ごみに分けて処分。パソコンやスマホ、タブレットは小型家電リサイクル法の対象品目なので、自治体やメーカー、販売店に確認。
電池類（乾電池、ボタン電池、充電池）	乾電池、コイン型リチウム電池は不燃ごみ扱いが多い。ボタン電池はスーパーや家電店など協力店にある「ボタン電池回収缶」へ。「充電式電池」も協力店にある「充電式電池リサイクルBOX」へ。
スプレー缶・カセットボンベ	不燃ごみ、有害ごみ扱い。中身を空にして出すことが基本。できない場合は自治体に確認を。
洗剤の残り	基本的に洗剤と柔軟剤は可燃ごみで、粉末はそのまま、液体は新聞紙や不要な布に染み込ませて捨てる。水で薄めて排水口に流してもいい。塩素系漂白剤は「可燃ごみ」扱いが多い。排水口に流すことも可能で、必ず水でかなり薄めて流すこと。
使いかけの化粧品	中身を空にしてから、可燃ごみと不燃ごみに分けて出す。マニキュアを空にする際は、除光液で中身を薄めると◎。
ぬいぐるみ、人形類	基本的には可燃ごみ。サイズにより粗大ごみの場合も。処分に抵抗がある場合は、リサイクルや供養してくれる業者に託すのも手。
庭のモノ（土、砂石）	自治体では処分不可の場合が多い。土を販売しているホームセンターなどで回収している場合もあり、問い合わせを。

9 「ひと部屋にいくつもの役割」は片づかない家の特徴

これまでは「狭いからしょうがない」とあきらめていたリビングの収納。

でも、広い部屋に引っ越したり、夢のマイホームが手に入れば、理想の暮らしがきっと待っているはず……だったのに、いざ現実になってみると、あれ？ なんか違う。


こんな体験、みなさんにもあると思います。

原因は、部屋のさまざまな役割が1カ所に集中していること。よくあるのが、リビングが「なんでも部屋」になっている状態です。


「子どもを目の届くところで遊ばせたいし勉強させたいから、リビングにおもちゃや勉強道具を配置している」

「2階まで着替えに行ったり、洗濯物をしまいに行くのが面倒なので、リビングに衣類を収納している」

「旦那が在宅ワークになって、書斎はあるけど物置き状態になっているから、リビングでオンライン会議をしている」
「赤ちゃんの世話をするから、ベビー服やおむつ替え用のスペースがリビングにないと不便」

こうなると、とてもとてもリビング収納だけでは納まり切れません。**生活動線が1カ所に集中しすぎると、その部屋の収納キャパを超えてしまいます。**
2階の部屋があったとしても、いらなくなっちゃう。
そんなときは、優先順位をつけながら、部屋の役割をもう一度、見直してみましょう。あなたにとって、リビングは何を一番大切にしたい場所ですか？
そのために必要なモノを優先的にしまって、それ以外のモノは別の場所へ移動させます。

収納の約束ごとは、個人のモノはなるべく個人の部屋で管理すること。共有スペースに置くときは、モノを混在させず、人ごとに区切ること。

子ども部屋があるのなら、子どもたちの勉強道具やおもちゃ、衣類は移動させましょう。リビングに置くおもちゃは、親が子どもに遊ばせたいと思っているモノのみに絞るのがおすすめです。

お母さんとお父さんの衣類も寝室のクローゼットに移動。赤ちゃんのお世話アイテムは、リビングの続きに和室があればそちらの押し入れへ。なければリビングにスペースを設けて収納します。

そのスペースが不要になったら、いつも仕事をがんばってくれているお父さんの仕事着スペースにしてもいいし、いただきものの一時置き場など、流動的なモノたちの仮住所にしてもいいですね。

生活動線の偏りは、収納の混乱をもたらします。家のどこにもムダな部屋がないようにしっかり役目を捉え直して、動線を分散させましょう。

10 でも、家族のモノは勝手に捨ててはならない

「夫が片づけてくれないんです。どうすればいいですか？」


レッスンや収納の相談で一番多いのが、この質問。

じつは私も、片づけを始めたころはこれが一番のネックでした。

ウチの夫も、どちらかといえば「捨てられない人」。小学校1年生からの名札を大切に持っていたり、保育園のころに愛用していた仮面ライダーのマフラーを捨てられなかったり、私より相当たくさんの〝思い出コレクション〟を持っていました。

そんなモノ持ちさんと同居しているときは、**『北風と太陽』作戦**の出番です。

童話の『北風と太陽』はご存じですか？　旅人のコートを脱がそうと、北風と太陽が競う話です。

北風は、強風を吹きつけてコートを脱がそうとしますが、旅人はコートの襟をしっかり握って、ますますコートにくるまってしまいます。

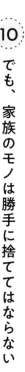

いっぽう太陽は、暖かい陽の光を旅人に降り注ぎます。ポカポカと体が温かくなった旅人は、自らコートを脱いでくれる……。

まさにこれ！　片づけに協力してくれない気難しい人でも、気づかないうちにその気にさせてしまう作戦です。

手順としては、まずあなた自身の持ち物を片づけることが大前提。

その後、ご主人の持ち物に着手します。

ですが、**勝手に捨ててはいけません。**あなたが勝手に捨ててモノが減ったとしても、ご主人の思考が変わらなければ、結局、またモノが増えてイライラ、のくり返しになるからです。関係性だって悪くなっちゃう。

ご主人の引き出しのなかを、ただ使いやすいように、きれいに整えてあげるだけでいいんです。

とくに効果のほどを実感しているのが、毎朝の身支度用の引き出し。ご主人の下着や洋服、ハンカチなど、取り出しやすく、見た目に美しくたたんであげると、「きれいに整っていると気持ちいいんだな」「一生懸命、片づけてくれているんだな」と感じてくれて、いつしか自らも行動に移してくれるようになります。

ある生徒さんからも、こんなご報告が。

＊　＊　＊　＊　＊

リビングのお片づけをしていたら、
和室でゴロゴロしていた旦那さんが急に
仕事の資料や旅行のパンフレットなどを片づけ始めました。
私、片づけてとも何とも言ってないんですよ？
シメシメと思いながら知らんふりをし、片づけ終わったあとに、
「すごい！　きれいになった！」と褒めてあげました。
「片づけて！」のひとことより、自分が片づける姿を見せるほうが
いいのかもしれません。嬉しいできごとでした。

＊　＊　＊　＊　＊

ウチも、コツコツ地道にがんばった結果、以前は「置ける場所があるなら置いておいてもいいじゃない！」と言っていた夫が、「新しい靴を買ったからこれは捨てるわ」と自ら言ってくれるようになりました。

物足りなく感じるかもしれませんが、自分のモノ以外の片づけは、ほうっておくのが一番！ ガミガミ言わなくても、あなたが片づけをする姿勢を見て、だんだん同じように行動してくれるようになります。

家族と暮らすと、どうしても思い通りにならない場所が出てくるものです。でも、そんな場所があってもいい。旦那さん専用の引き出しや押し入れのスペースを用意して、とりあえず見た目がざわつかないようにできるだけでも合格！　としましょう。

第3章

奇跡が起きる。「3日片づけ」のすべて

押し入れやクローゼットから始めると、捨てるスピードがどんどん速くなる

理想の暮らしを思い描き、定数管理やストック管理についてわかったところで、「なんだ、意外とカンタンそう!! よし、ウチも片づけよう!」と、片づけ心がムクムクと湧き起こってきた方もいると思います。

こんなとき、あなたならどこから片づけ始めようと思いますか? もっとも人目につきやすいリビング? それともゴチャゴチャが気になっていたキッチンでしょうか? 多分、大部分の人が、このどちらかから手をつけようとするんじゃないかと思います。

でも、家一軒を片づけようと思ったら、いきなりリビングやキッチンから片づけ始めるより、もっと効率がよくてスムーズな順番があるんです。それが、**押し入れやクローゼットなどの「バックヤード」から片づけ始める**こと。

バックヤードというのは、本来は店のなかでお客さんから見えない場所を指します。商品が置いてある倉庫や、発送業務をするスペース、飲食店ならフロアからは見えない厨房なんかですね。

家のなかでは押し入れやクローゼットのほか、物置、納戸、ウォークインクローゼット、死蔵品が入っている場所など。大容量のモノがしまえて、普段は人目につかない空間。いわば舞台裏といった場所。こういう場所はすべてバックヤードになります。

片づけをサクサク進めるためには、片づけをしていく場所の「順番」が重要。まず取りかかるべきなのが、こうしたバックヤードなのです。

ところが、片づけレッスンで部屋全部をひと通り見せてもらったあと、「では、まず押し入れから始めましょう」と言うと、

「え!? 一番気になっているキッチンじゃなくて……?」

と、がっかり交じりの意外そうな反応が返ってくることが多いんです。

たしかに、その気持ちはわかります。どうせ片づけるんだから、早く憧れのリビングやキッチンを手に入れたいですよね。

でも、焦りは禁物。その熱い思いのままリビングやキッチンに突入しても、結局、きれいに納まりきらず、撃沈してしまうことが多いんですよ。

押し入れの奥や天袋には、忘れ去っていたようなモノがけっこう入っています。

「ここの押し入れには何が入っていますか？」

「季節外の衣類と扇風機と布団と……、だいたい中身は把握してます」

なんて断言されるような場合でも、実際になかなかのモノを全部出してカテゴリ別に分けてみると、驚くほどたくさんの忘れていたモノたちと再会します。

何年も前に使っていた家電製品の空き箱。中身自体はすでに廃棄しているのに、なぜか箱だけ天袋に取り残されていたりして。

それから、サイズが合わなくなってもう着られなくなった子ども服や、古くなって使っていない電気毛布。「なんでとってあるんだろう？」と子どもまで首を傾げてしまう、使用済みの学習帳やドリル。「そのうち雑巾にでもしよう」と思っていたのをすっかり忘れていた、使い古しのタオルなどなど。「あ〜、これ探していたんです〜」と、子どもの体操服が出てきたこともありました。すでに学校を卒業されたあとでしたけれど。

押し入れには、「そういえばこんなのあった！」という懐かしのモノたちがいっぱい。そして、忘れてしまっていたモノとはお別れもしやすい。家のなかで、一番モノを減らしやすいのが、バックヤードです。

バックヤードが空かなければリビングは片づかない

しまったまま存在を忘れていたモノとは、どんどん「さよなら」できます。

こうやって要らないモノを分けていけば、気がつけばバックヤードに大きな空間ができることがほとんどです。

この大容量の空間こそが、家一軒の片づけをサクサク進めるためのカギ。

たとえば、みんなが集うリビングは、モノが持ち込まれやすい場所でもあるので、一時的にきれいになっても定位置が確定しづらく、すぐに元に戻ってしまいます。

リビングを美しく整えるには、できるだけリビングにモノを置かなくてすむようにするのがベスト。そのために、先にバックヤードの片づけを終わらせて、大きな空間を出現させておくのです。

理想は、片づけが終わったあとに、厳選されたモノたちが押し入れなどつくりつけの収納庫にすっかり納まってしまうこと。

収納スペースが足りないからといって、カラーボックスを増設して、床面積を減らす必要なんてありません。押し入れや納戸を片づければ、すごく大きなスペースが出現します。私は片づけレッスンでバックヤードを片づけ、大きなスペースができるのを見るたびに、「どの部屋の何をここに持ってこようか」と、ワクワクします。

だから、片づけを始める順番はバックヤードから！　一見、遠回りに見えるかもしれませんが、じつは一番近道なんですよ。

3日で家全部を片づけるには初速がすべてです

片づけに時間がかかる最大の要因が、「これ、要るかな？　要らないかな？」と迷ってしまって、一向にモノが減っていかないこと。その点、バックヤードはひと目で不要だとわかるモノが多いので、あまり迷うことがありません。

捨てることに慣れる……と言うと誤解を招きそうですが、モノと向き合い、必要なモノとそうでないモノとを分けるのにも、慣れが必要です。バックヤードは、その慣れのスピードをアップしてくれる場所。

私が**「吹っ切れポイント」**と呼んでいる、「要る・要らない」の判断がスピーディにできるようになる人は、バックヤードでスイッチが入ることが圧倒的に多いんですよ。

それまで「先生がいないと、ひとりでは到底、捨てられません！」なんて言っていた人でも、バックヤードにとりかかっているうちに、必ず「吹っ切れポイント」がやってきます。そこからは私の力なんてほとんど必要としないくらい。

以前レッスンを受けられたKさんが吹っ切れポイントに到達したのは、収納庫からはみ出した大量のタオルの山と向き合っているときでした。

「ぼろ雑巾にしてる間に何年も経ってしまうわ！　必要ならそのときに買うわ！」

と、20年以上も捨てたことがなかったタオルたちが、スパスパと迷いなくごみ袋のなかへ入っていったのです。
その後は片づけが順調に進み、ご本人がずっと「難関」「ここだけは無理かも」と言っていた、洋服でパンパンになり取り出すのもひと苦労だった寝室のクローゼットも、あっという間にスッキリしました。

この**吹っ切れポイントをいかに身につけるかで、その後の片づけのスピード感が違ってくる**んです。そのための絶好の手慣らしとなるのが、バックヤードということです。

目に見える成果で、家族の気持ちを片づけに向けてみる

レッスンでスピーディに片づけが終わる家庭は、奥さまだけでなくご主人も一緒にレッスンを受けられるケースが多い傾向にあります。片づけにとって、家族の協力が得られるのはとっても心強いこと。

家族の持ち物とはいえ、前述したように奥さまが勝手に処分することはできません。それぞれの持ち物はそれぞれが自分で厳選していかなくてはいけません。

家族の思考改革が進んでいて、片づけに対する理解が深まっていれば、後回しにしなければならない場所が減り、同時に片づけられる場所が多くなります。

しかも、片づけにとって、労働力は多いに越したことはない！　家族全員で一緒に片づけていけば、本当にサクサクと終わります。

だから、片づけをしようと思ったら、家族にこんなふうに宣言してみてください。

「次の週末は、みんなで片づけをしよう！」

きれいに片づいた家がどれだけ心地よいか。自分でモノを管理できるというのがいかに楽しいことか。モノを減らして、シンプルな暮らしを手に入れるのがどれだけワクワクすることか。

ポイントは、「家を片づければ、生活そのものが変わる！」というのを説明すること。

これから行う片づけは、今、家にあふれているモノをどこかにしまい込む、という片づけではありません。暮らしの流れそのものが変わる片づけです。それをみんなにプレゼンテーションして、家族の片づけ欲を刺激しましょう。

とはいえ、家族の協力が最初から〝絶対に〟得られなければいけない、というわけではありません。家のなかが片づいてきて、モノの流れがスムーズになってくると、自然と家族の心持ちも変化してきます。それからみんなで片づけを始めても、決して遅くはありません。

それまでは、自分のペースで無理なく片づければOK。きれいな空間が1カ所でも自分で生み出せると、家族から「いいね！」と褒められたりするので、モチベーションもアップします。目に見える成果を褒められるとモチベーションアップにつながるのは、ダイエットと同じですね。

準備するのは「紙袋」「空き箱」「マスキングテープ」だけ！

3日間の集中実践に取り組む前に、用意しておいてもらいたいもの――それは、**「紙袋」「空き箱」「マスキングテープ」**です。

紙袋と空き箱は家にあるものでOK。大きさが不揃いでも構いませんが、しっかりとしたつくりのモノがいいです。**買い物でもらった袋や箱、通販で届いた荷物の箱などは、片づけ開始前に捨ててしまわないようにしてください。**

紙袋や空き箱をおすすめするのは、立てて置けるため。置き場所にムダがなくなるから。でも、それらが家になければ、スーパーのビニール袋や風呂敷なんかでもいいでしょう。要は、モノをカテゴリ別に分けたら、とりあえずかたまりにしておければいいのです。

家のあちこちに散らばる「文房具」「化粧品」「書類」「衣類」「書籍」などなど、**同じカテゴリに属するモノたちを集めて、残すモノだけに厳選したら、紙袋や空き箱、空いた収納ケースなどに入れておきます。**

もし手持ちの紙袋や空き箱がなければ、「3日片づけ」を始める前に準備しておきましょう。スーパーやホームセンターに行けば、段ボールはもらえますよ。

厳選したらマスキングテープの出番。中身をテープに書いて貼り、ラベリングします。私は手でピッとちぎれて、貼るのもはがすのも簡単なマスキングテープを愛用していますが、箱に直接書いたり、紙に書いてテープで貼ったりするのでももちろん大丈夫です。

ラベリングが終わったら、しまう場所（＝モノの住所）を決めて、紙袋や空き箱のまま**「仮置き」**しておきます。あとでもっと使い勝手のいい場所を思いつくかもしれないので、「仮置き」。とくに移動する必要がなければ、仮置きがそのまま本置きの場所になります。

私の片づけメソッドでは、床に置くモノ、出しっぱなしになるモノが何もなくなるように、すべてのモノに住所を決めて収納していきます。

外に出ているモノがなーんにもなくなると、部屋のなかから〝ざわつき〟が消えてすごくスッキリします。

そのぶん、見える場所に置くモノにはこだわりを。お気に入りの雑貨を1～2点厳選してキャビネットの上に置いたり、好きな絵をとっておきの額に入れて飾ったり、クッションカバーで遊んでみたり。可愛いモノ、きれいなモノだけをわずかな数だけ〝見せ〟ましょう。

家を片づけると、今度はそういう楽しみも出てきます。

でも、それは片づけ切ってからのお楽しみ。家を片づけ切ると、いろんなことがきらめいて見えます。

「ウチってこんなに広かったっけ!?」「家事がやりやすーい!」と、思いがけず新鮮な感動を味わえると思いますよ。

では、前置きはこれくらいにして、「3日片づけ」の実践に入りましょう。

全部出して厳選したら、「文房具」「化粧品」「書類」などのカテゴリ別に分け、紙袋と空き箱に入れます。マスキングテープでラベルを貼り、まずは仮置きを。

1日目はバックヤードだけでOK

▼バックヤード（押し入れ・クローゼット）まずは空っぽにする

まずは何も考えず、とにかく押し入れやクローゼットのなかからモノを出します。

客用布団も季節の道具も、洋服も鞄も本も、何もかも全部出してしまいましょう。

もちろん衣装ケースや収納ケースも、それごと出しておきます。

足の踏み場がなくなるかもしれませんが、出したモノはひとかたまりにして置いておきます。天袋から重いモノを取り出すときは気をつけてくださいね。

途中で「あ、こんなのあった！　もう使わないな」というモノを発見したら、どこか別の場所に捨てるモノコーナーをつくって、そちらにまとめておきましょう。

押し入れが空っぽになりましたか？　雑巾でほこりを拭っておきましょう。

布団❶　家族の人数分だけ残す

出したモノひとつひとつについて、**「厳選」**をしていきます。このときのポイントは、大きなモノから取りかかること。細かいモノは後回し。大きなモノがなくなれば、大きなスペースも出現するし、大きな達成感も味わえます。押し入れなら、まず布団類ですね。

家族全員分の布団セットをつくってみてください。どの組にも属さない、迷子の布団はありませんか？　もしそういう布団が出たら、その布団とはさよならしましょう。

取っておいても誰も使いません。誰も使わない布団が、押し入れのなかで忘れ去られている。それなら、そのスペースを本当に求めることのために使うほうが、収納もモノも生きてきます。

同じく、使っていない座布団やクッションも撤去。

普段、宿泊での来客がほとんどないなら、客用布団もなくていいでしょう。家族の人数分の枚数さえあれば十分。

「もし、お客さんが泊まりに来ることになったらどうしよう……？」

大丈夫。今は布団もレンタルできる時代です。もし泊まり客があったら、そのときレンタルの手配をすればＯＫ。けっこういい布団が清潔な状態で届けられますから、手間もかからず、より快適に泊まってもらえると思いますよ。

▼シーツ　替えはいらない

布団カバーやシーツの洗い替え用の枚数もチェックします。なぜか予備のシーツがたっぷりあって、毎日取り替えてもお釣りがくる、というような家がありますが、それだけあっても実際には使われていないことがほとんどです。

私自身は、洗い替え用のカバーやシーツは必要ないと思っています。洗っても、乾いたらそれをまたその日にセッティング。これが一番シンプルで手間がない！　ヨレヨレになってきたら、新しいモノを買って、古いモノとはさよならします。

「収納スペースが足りない！」と思っているなら、思い切って洗い替え用は持たないようにしましょう。

「ダメになったら買い替える」で、まったく困りませんよ。

寝具　種類も量も少なくて大丈夫

じつは、**わが家では寝具の種類自体も少ない**んです。

恥ずかしながら、私はこの仕事を始めるまで、布団にもいろいろな種類があるということを知りませんでした。みなさんの家の布団を見せていただいて、「世の中には春・秋に使う、合い掛け布団というのを持っていらっしゃる方が多いのね〜」なんて妙に感心。

合い掛け布団というのは、冬用の掛け布団より薄く、夏用の肌掛け布団よりは厚い、両者の中間みたいな布団のことをいいます。

てっきり、自分の実家で合い掛け布団を使っていなかったから知らなかったんだと思っていたら、父と母は使っていたらしく、単純に私が気づいていないだけだったようです。

だけど、そんな無知が幸いして（?）、私の家で使う寝具はすごくシンプル。ちょっとわが家の布団事情を挙げてみましょう。

わが家は布団の衣替えをしません。

①羽毛掛け布団

大物の布団は最初に手をつけます。置き場所が定まらない場合は、上部のモノを出して仮置き。

②ベッドパッド
③オールシーズン使えるシーツ

この3つを、1年を通して使っています。季節によって替えるのは羽毛布団のカバーだけ。羽毛布団には、寒ければ熱を保ち、暖かければ熱を逃がすという性質があるらしく、夏の盛り以外はこれ1枚でけっこう快適に過ごせます。これなら、シーズン外にしまっておく寝具類がほとんどなくてすむので、スペースを取りません。

いろんな種類の布団を使っている方は、その寝具が本当に必要なのか、考えてみてください。もし減らしても困らなさそうなら、私と同じくシンプルにしてしまうのがおすすめです。

布団2 個人の部屋で管理を

寝具の厳選が終わったら、押し入れに仮置きしておきます。

ここで考えてほしいのが、家族の布団のしまい場所。使いやすさを考えるなら、**布団はそれぞれの部屋にしまうのがベスト**です。夫婦の布団は夫婦の寝室に。子どもの布団は子ども部屋に。

その場合は、それぞれの部屋の押し入れの上部やクローゼットの枕棚に入っていたモノを出して、そこに仮置きしておきます。

子どものいる家庭の場合、布団の管理は親の役目、ということが多いですよね。シーツやカバーを洗濯したり、天気のいい日に布団を干してあげたりするのは、大人がやることが多いですから。でも、「そろそろ寒くなってきたし毛布を出そうかな……」とか「ちょっと暑いから、今日から夏の布団にしようかな」という判断は、小学校4～5年生になれば、自分ひとりでできるようになるんじゃないかなと思います。

独立した子ども部屋がある場合は、布団を各自の部屋に収納してあげれば、季節の入れ替えを自分で行えるようになります。最初はひとりでできなくても、手伝ってもらいながらやれば、少しずつできるようになりますよ。

私物　リビングではなく自分の部屋へ

布団だけでなく、**各自のモノは各自の部屋にしまう**と、リビングなどほかの部屋もうんと片づけやすくなるんですよ。

バックヤードにはさまざまなモノが混在しているので、個人所有のモノがたくさん出てきます。それらはすべてカテゴリ分けして紙袋などに入れ、「パパ・書斎」「長男・夏の衣類」など、カテゴリ名をラベリング。それぞれの部屋に移していきます。

おもちゃや絵本は子どもと一緒に厳選し、残しておきたいモノだけに絞り込んで、子ども部屋に仮置き。子どもにも、自分のモノは自分で管理するという習慣を身につけさせてあげられます。

お父さんやお母さんの趣味の道具などは、それぞれの部屋があればそちらに収納できますが、個室がない場合も多いでしょう。その場合は、押し入れなどの収納スペースに人ごとに区切って収納します。いったんは収納方法については考えず、とりあえずの仮置きにしておけばＯＫ。きちんと収納していくのは、しばらく仮置きのまま生活してみて「これがベストな配置！」と思ってから。

段ボールに入れたままの本はもはや死蔵品です。大切な本は本棚にしまい、それ以外は処分しましょう。寝る前に本を読む方は、寝室に収納するのがおすすめ。ただし、ベッドルームのほこりはアレルギーの原因にもなるので、定数を決めて管理を。

大切なのは、混在しているさまざまなモノをすべて把握して、厳選すること。モノの量に圧倒されるかもしれませんが、人が使っているモノなんて、1日のうちたいして触っていないモノばかり。そう思えば、手放していいモノがたくさんありますよね。

季節品　出し入れしにくい場所でOK

収納でもっとも重要なのは、すべてのモノに定位置を決めてあげること。ペン1本、雑巾1枚まで、外に出るモノがないように住所を決めていきます。

そのときのポイントになるのが、収納の**「ゴールデンゾーン」に何を入れるか**です。

ゴールデンゾーンとは、収納のなかでもっとも取り出しやすく、しまいやすい場所

ゴールデンゾーンとは？

目に留まりやすく、手も届きやすい位置のことを「ゴールデンゾーン」と呼びます。普段よく使うモノをしまうといいですよ。ゴールデンゾーンは、使う人の身長によって変わり、目安は腰〜目線の位置までのエリアになります。

のこと。背伸びをしたり、かがんだりしなくても、サッと手が届く場所のことです。

ここにお雛様やクリスマスツリー、季節の家電、キャンプ用品、昔やっていた手芸用品、思い出の品、捨てられないいただきもの、客用布団などが入っていて、せっかくのゴールデンゾーンがふさがってしまっていることがあります。

これらは滅多に使わないモノなので、しまうのは出し入れしにくい場所でいいのです。もう使わないモノは処分し、必要なモノはゴールデンゾーン以外に仮置きを。

ゴールデンゾーンにしまうべきなのは、出し入れが頻繁な稼働率の高いモノ。しまい方も、とにかく出し入れしやすいように心がけます。そうすると、家のなかのモノの流れがすごくスムーズになるんですよ。サッと取り出せサッとしまえると、短時間で元のきれいな状態に戻せるようになります。

思い出の品　画像データとして保管する

子どもたちの作品や赤ちゃんのファーストシューズ、何十年も前に編んでもらった手編みのセーターなど、思い出の品をすべて家のなかに収めていたら、家じゅうモノだらけになってしまいます。

「大切だからとっておきたいけれど、場所をとって困る」というモノは、私は画像で保存しています。友達や知り合いの方からいただいた手づくりの品やお土産も、置く場所がなければ、いただいた方の好意に感謝しながらパシャ。モノ本体がなくても、こうして記録しておけば、いつでも思い出に接することができます。

思い出といえば、「ノハナ」のようなフォトブック作成サービスを用いれば、スマホで撮った写真をいつでも素敵な写真集にできます。

モノ自体がなくても、センスよくまとめられた小さな写真集を手元に置いて眺めるのは楽しいも

スマホの写真から、簡単にフォトブックが作成できるアプリ「ノハナ」。■ノハナ　https://nohana.jp

のです。私は娘のお弁当の記録写真でも、1冊フォトブックをつくりました。タイトルは「ママの愛情お弁当」(笑)。

早起きが苦手な私が娘のためにせっせとつくったお弁当も、フォトブックにしておけば形として残すことができます。思いついたコメントを一緒に載せておくと、たくさんの思い出が「物語」に生まれ変わって、家族で眺めると話に花が咲きますよ。

空き箱　扇風機とカセットコンロだけキープ

押し入れのなかでスペースをとっているものって、ほかに何があるでしょうか?

人にもよりますが、けっこう多いのが家電の空き箱。デスクトップ型パソコンの箱なんてとっておいた日には、ものすごく大きなスペースをとります。

じつは、**家電の空き箱でとっておくべきなのは、扇風機とカセットコンロの2つだけ**でいいんです。それ以外はすべて処分でOK。なぜなら、これ以外の箱はとっておいても使う場面がないからです。

扇風機は、箱があれば、パーツをばらして、買ったときと同じコンパクトな状態でしまえます。箱に入れてしまえば、次に使うときまでほこりをかぶることもありませんし、ひと夏フル活動した扇風機は、ほこりもかなり溜まっているので、掃除もできて一石二鳥。

カセットコンロも、箱があれば縦にも横にも置けて、しまい勝手がいい。

この2つは、しまいやすくするために、箱があったほうが圧倒的に便利です。

でも、そのほかの家電の箱は、一切必要ありません。とっておいても使った試しがないでしょう？

ちなみに、最近は、扇風機をしまいやすくするために、外箱のつくりにこだわるメーカーもあるくらいだとか。そう聞くと応援したくなりますが、私の場合は扇風機をいちいち分解するのも面倒になって、現在はタワー型の扇風機に乗り換えちゃいました。

縦長でスリムなので、場所をとらずにそのましまえて重宝しています。扇風機のような季節物の家電製品は、しまいやすさを考えて購入するのもひとつの手ですね。

タオル・靴下・下着 厳選して「定数管理」

どこの家でも多いのは、タオルです。普段使うタオルは洗面所に置いてあるのに、押し入れにも新品から使い古しまで、大量のタオルがしまわれていることもしばしばです。

タオルの枚数は家族の人数＋2枚！ で充分。これ以上あっても、使わないか、洗濯の労力が増えるだけで、いいことはありません。「洗濯物の山を減らす」のは、洗濯自体を簡単にすますという観点からも、収納スペースを削減するという観点からも、かなり大きなポイントになります。

お風呂上がりに使うタオルは、必ずしもバスタオルである必要はありません。フェイスタオルや、スポーツタオルでも、充分、体を拭けちゃう。必要な機能さえあれば、こういうコンパクト型のタオルに切り替えても、なんの問題もありませんよね。洗濯物を干すスペースが少なかったり、しまう場所がないのなら、なおさらです。

パジャマは年2回、春と秋に買い替えます。頻繁に洗濯するパジャマは、たくさん

下着類やタオルは、定数管理する

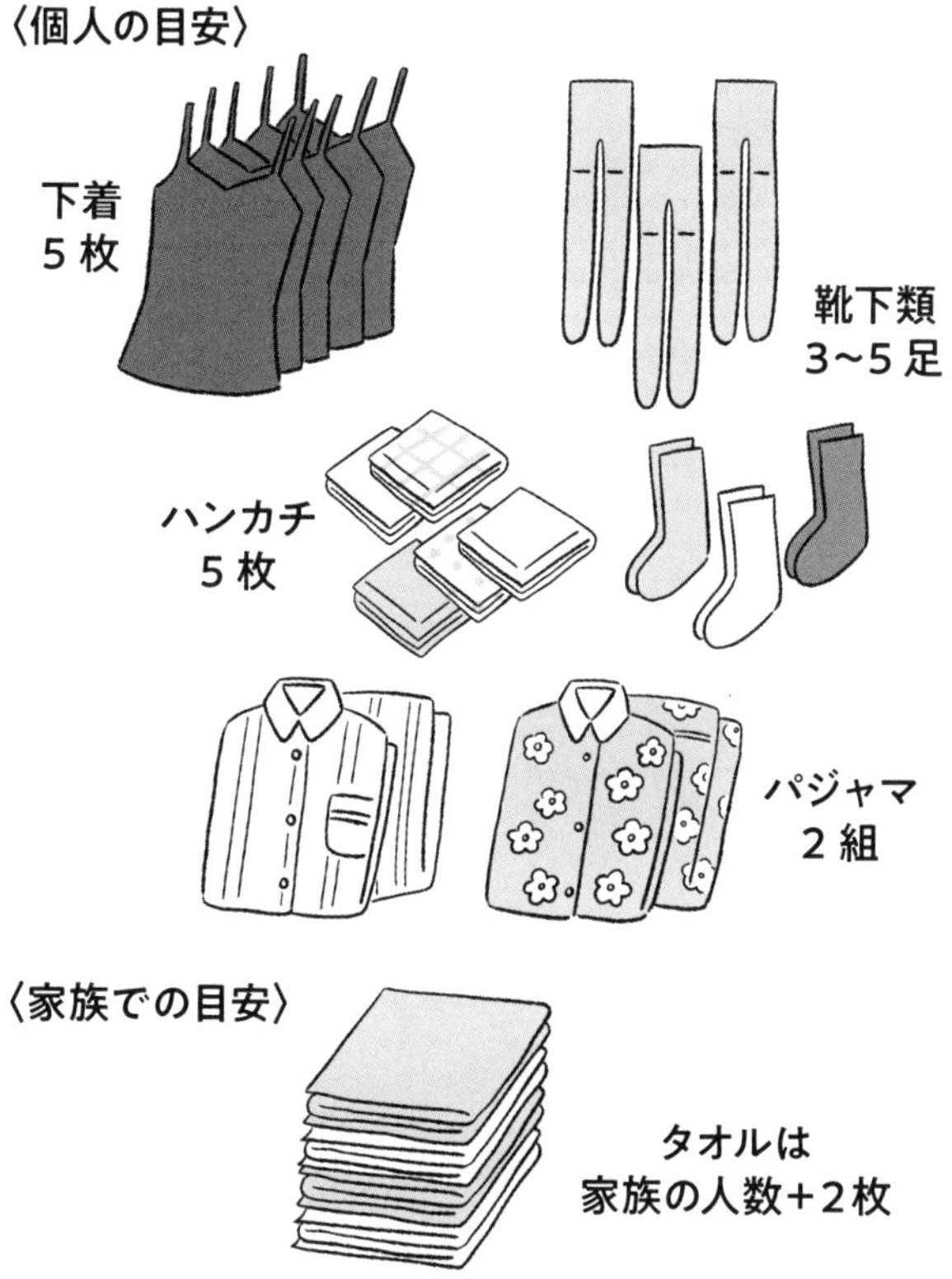

収納スペースを減らし、洗濯の労力を増やさないためにも、必要最低限での定数管理がおすすめ。使い倒して買い替えるので、経済的ですよ。

の枚数を持っていてもヨレヨレになってきちゃう。それなら安物でも、いつも状態のいいパジャマを着られるほうが、気持ちが上がります。

靴下5足も古くなったら買い替え。この方式を採用してから、穴があきそうな靴下も、靴下が大量にタンスに眠っている姿も目にしなくなりました。しまい込まれる靴下がなく、全部使い切って買い替えるので、考えようによっては経済的です。

女性の靴下は可愛いモノが登場しますから、いつでも流行を取り入れられます。女性ならストッキングも併用すると思うので、靴下3足、ストッキング3足ぐらいでいいかもしれません。このあたりは自分の使いやすさで調節してください。

ハンカチも各自5枚でOK。タオルハンカチにすれば、アイロンも必要なし。

必要最小限の数で管理できるように、今持っているモノから絞り込んでいきましょう。古いモノ、デザインが気に入らないモノは、これまで働いてくれたことに感謝しながらごみ袋へ。おしゃれは見えないところから。

いつもピカピカの下着や靴下を身につけるには、定数管理がおすすめです。

▼タオル・下着　使う場所の近くで収納

洗面所にスペースがあれば、タオルや下着、パジャマはお風呂から上がったらすぐに使えるよう、洗面所に置くのがおすすめ。

わが家でもタオルの置き場は洗面ランドリー。ドラム式洗濯乾燥機を使っているので、「洗濯→干す→しまう→使う」のすべてが洗面ランドリーでまかなえます。洗濯乾燥機を導入してから、洗濯が本当にラクになりました。値段はけっこうしますが、洗濯の手間を減らしたい人には導入を考えてみる価値は充分あると思います。

下着を洗面所に置くのはよくないという考えの方もいるとは思いますが、ズボラな私にとっては、お風呂に入る前に下着をわざわざ2階に取りに行くのは面倒……。それに、洗濯乾燥後、下着やタオルをその場で片づけられるのも便利。いろんな動線を考えると、ランドリールームほど下着置き場に適している場所はないように思います。下着を洗面スペースに置くことにさほど抵抗感がないなら、ぜひ検討していただきたい方法です。

下着やパジャマは、持ち主がわかるように棚を分けて使います。ただし、わが家ではパジャマを置いているのは女性陣だけ。洗面ランドリーに男性陣のパジャマまで置く余裕はないので、息子と夫は下着だけで我慢してもらっていました。男性陣にとってはそれほど困らないみたいでした。

定数管理で枚数を減らせば、ウチのように2畳の洗面ランドリーでも、家族4人ぶんのタオルや下着を置くことができました。

どこに置くかを決めたら、紙袋か空き箱、または収納ケースにタオルを入れて、マスキングテープに中身を書いてラベリングしておきます。決めた場所に置けるようになるまでは、押し入れに仮置きでＯＫ。そこまでやれば、あとは置き場所を決めてから収納棚をゆっくりと選んでも遅くはないですよ。

布団③ 使わないモノは布団ケースで省スペース

奥が深くて大容量の押し入れでは、収納するモノでゾーン分けをすると、うまく使いこなせるようになります。

布団ゾーン、衣類ゾーン、仕事道具ゾーン、おもちゃゾーン……とモノ別にゾーンを分ける。あるいはパパゾーン、ママゾーン……と人別にゾーンを分けてもいいでしょう。

たとえば、仕事道具をしまうスペースを押し入れの下段につくりたいけれど、掃除機も一緒に収納したいという場合は、2つのゾーンを完全に区切ること。掃除機の横に何の区切りもなく仕事鞄を置いちゃう……というのは、モノが混在する原因になります。仕事道具置き場には引き出しや棚を用意して、掃除機置き場と分けると、ストレスフリーで出し入れできます。

また、布団置き場に、衣替えでしまう衣類を圧縮袋などに入れて一緒に収納したりするのも、モノが混在する原因に。布団は布団、衣類は衣類とゾーンを分けてあげると、モノの把握ができ、きちんと管理できます。

このとき、かさばるモノのゾーンをキュッとまとめる工夫をするのも大切。押し入れ収納では、細かい空間をあちこちにつくるより、大きな空間をつくることが重要なのです。そうでないと、大きなモノは入れられません。

すぐに使わない子どもの衣類は、サイズ別にキッチン用ジッパー付き保存袋などに入れて、収納ケースに。必要なときに取り出せる仕組みにしておきます。

布団は圧縮袋に入れるより、布製の布団ケースにひとまとめにしたほうが使いやすく、かさばりません。

圧縮したあとの袋は形がいびつになり、滑りやすく、重ねたときに使いづらいのです。使っているうちに布団ゾーンからスルッとはみ出して、結局、広いスペースをとることになったりします。

便利なのが布団ケース。棚の大きさに合わせて置けるのが、ケース型のいいところで、枕棚にも置けちゃいます。

今使っているシーズンの布団は、ケースに入れず、そのまま収納するのでOK。毎日使うものですから、押し入れのゴールデンゾーンを定位置に。

押し入れのゾーン分け

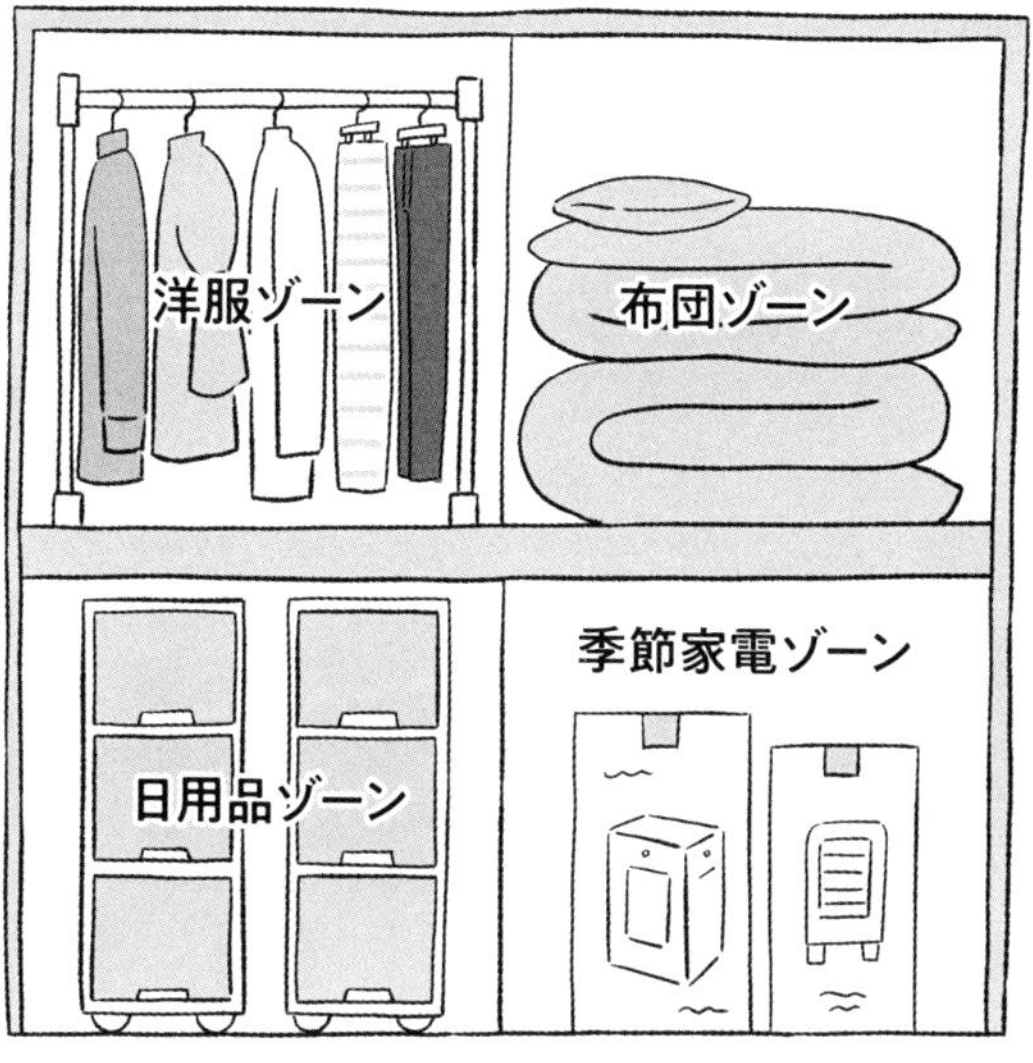

収納するモノでゾーンに分けて使います。1段＝1チームに分け、襖で左右にも分かれますから、上段で2チーム、下段で2チームというように分けると使い勝手がよくなりますよ。
もちろんモノは詰め込まず、7割ほどの量をキープしましょうね。

ゾーンに分けたら、かさばるモノはキュッとまとめて、ゆとりのスペースを確保。

こんなことも、押し入れを上手に使うための秘訣です。

衣類1　似合わなくなったらお役目終了

私がよく言うのは、「クローゼットもアンチエイジング！」。

どういう意味かというと、年齢とともにお肌の気になる部分が変わってきたら、使う化粧品だって替えていきますよね。同じように、**洋服も年齢とともに似合う・似合わないが変化していくので、そのつど中身を見直しましょう**、ということです。

昔、好きだった洋服が、今の自分にも似合うかどうかはわかりません。歳とともに雰囲気が変わってくることもありますし、サイズが合っていなければ、着たときに生地が引っ張られたり、背中に段ができたり、ウエストまわりがやたらと悪目立ちしたりして、ちょっと残念なことになってしまいます。

だから、「捨てるのは惜しい、でも最近着てないな」という洋服は、鏡の前でファッションショーをしてみるのがおすすめです。

「あらら、もう似合わなくなっちゃったのね」

と、悲しい気持ちになるかもしれませんが、そういう洋服こそアンチエイジングが必要。今のあなたに似合う洋服はたくさんありますから、そちらを大切にしましょう。

もし、友達や家族に協力してもらえるなら、率直な意見を言ってもらうのも手。

「それ、パンパン。太って見えるわよ」

「ちょっと時代遅れっぽい」

なんて辛口なコメントが飛び出せば、いくら好きな洋服でも手放す気になります。

不思議なことに、片づけレッスンに行ってファッションショーをしてもらうと、私が「この洋服、この生徒さんにはなんだかしっくりこないな」「うーん、あまりお似合いじゃないみたい」と思うときは、買ったもののほとんど袖を通していなかったり、本人もデザインが気に入らなかったりすることが大半なんです。

反対に、本人にぴったりフィットしている感じの洋服は、表情や仕草までいきいきと見せてくれます。

私自身も、自分が大好きな洋服を着ているときは、気持ちが前向きでなんとなく自信が湧いてきますから、そういう気持ちが表情や仕草に表れて、一緒にいる人たちにも確実に伝わっているんだなと思います。

クローゼットのなかに長年眠っている洋服には、そういうパワーはありません。「使っている、着ている、楽しんでいる」イメージができないものとは、さよならしても後悔しないものです。

「クローゼットもアンチエイジング！」――これを合い言葉に、洋服を厳選して絞り込みましょう。

部屋着「もったいない」で部屋着にしない

「もったいない」から、部屋着にするための古い洋服をいくつもとっておく――。そういう方は多くいらっしゃいますが、そうなるとクローゼットのアンチエイジングは進まなくなってしまいます。着るとピチピチに張ってしまうワンピース、十数年前の古びた学生時代のジャージ……。本当に必要なのでしょうか？
着なくなった洋服は、部屋着に格下げしたりせずに捨ててしまいましょう。5年後、10年後も可愛い自分、きれいな自分でいられるための洋服だけをとっておく。これを忘れないでください。

じつは私は「部屋着」は一切持っていないんです。

朝、起きたら、その日に着る洋服に着替えて、家事をするときにはエプロンをします。外出時にはエプロンをサッと外すだけ。それは片づけレッスンでも変わりません。生徒さんにはよく驚かれます。お風呂に入るまでその格好で、入浴後はパジャマに着替えて就寝。「くつろぐときはどうするの？」と聞かれることもあるのですが、布団に入らないなら、洋服がシワくちゃになることはありません。

エプロンがあれば、料理でも掃除でも、汚れやすい作業がそのままできます。今はデザインも豊富なので、自分の好きなエプロンを選ぶのも楽しいですよ。一度、騙されたと思ってやってみてください。エプロンは活用のしがいがあるアイテムです。

とはいえ、会社勤めでスーツを着ていると「家に帰ったらいったん部屋着になりたい」という方も多いと思います。そんなときはお気に入りの部屋着をおすすめします。部屋でくつろぐための**可愛い部屋着は、アンチエイジング。**最近はおしゃれな部屋着が充実していますので、可愛い自分でいられますよ。それでも1着ないし2着までにしておきましょう。

衣類2 1カ所に集中して置くのが基本

洋服の厳選が終わったら、次はクローゼット（押し入れをクローゼットにしている場合は押し入れ）にしまっていきます。

ポイントは、家族ごとにスペースを分けること。そして、朝の身支度がそこだけで完結するように集約することです。

ひとつのクローゼットを夫婦で共有している場合は、たとえば右側をお母さん、左側をお父さんで分けるなどします。

引き出しのなかも、お父さんのハンカチとお母さんのハンカチが一緒に入っているとか、子どものタンスにお母さんの洋服も入っているという状態はやめましょう。ココはお母さん、ココはお父さん、ココは子どもと、人ごとにスペースをきちんと区分します。

誰が管理する場所なのかが明確になっていないと、片づけにくいだけでなく、家族の片づけ意識も進みません。とくに家族が片づけに協力的でない場合は、お父さんが自分で管理できるスペース、子どもが自分で管理できるスペースをつくってあげるだけでも、意識が変わってくることがあります。

それから、**洋服は個別で1カ所に集中して収納するのが基本。**たまに、スーツやネクタイは寝室のクローゼットにかかっているけれど、靴下とハンカチとバッグはリビングに置いてあって、ベル

左側が以前の、夫の洋服のゾーン。右側が私の仕事ゾーン。人ごとにきちんとゾーン分けしておけば、使いやすい。

トはキッチンの椅子にかけておく、というようなお父さんがいますが、これこそあっという間に散らかる原因です。

朝の身支度がそこだけで完結するようなクローゼットにしましょう。

まずは、各自のスペースを決める。それから洋服を集約する。この2つが原則です。

衣類の収納　便利な「ハンガー収納」を活用

衣類の収納方法は、大まかに次の2つに分かれます。

- **ハンガー収納**
- **たたんで収納**

このうち、片づけやすく取り出しやすいのが、ハンガー収納。家のスペースがあるのなら、このハンガー収納がおすすめです。私はめんどくさがりなので、キャミソールもＴシャツもハンガー収納にしています。

　利点は大きく分けて2つあります。ひとつは、**洗濯物を干してからクローゼットに片づけるまで、同じハンガーにかけたままできる**こと。これならたたむ必要がないので、洗濯の手間が大幅削減できます。

　もうひとつは、**ひと目でクローゼットの中身が把握できる**こと。毎日の洋服選びもラクになるし、何のアイテムが足りていないのかすぐわかるので、買い物もしやすくなります。新しい洋服を買って家に帰ってみたら、すでに同じようなモノを持っていた……というありがちなパターンも回避できます。ハンガー収納はおしゃれへの近道なんです。

　ハンガー収納の応用編もご紹介します。クローゼットに奥行きがある場合は、段違いにもう1本

洗濯機から出して乾かして、クローゼットへ。すべて同じハンガーを使えばラクチンで見た目もよし。

バーを取り付けて、奥を高く、手前を低くすればオフシーズンの洋服をかけることもできちゃいます。そうすれば衣替えも簡単！

さらに、洋服をしまうときもサッとハンガーにかけるだけでいい。折りジワもできません。たたむのが面倒で脱ぎっぱなし、積みっぱなしになっている方ほど、ハンガー収納はおすめです。

ハンガー　スリムなサイズに統一を

ハンガー収納にするときのポイントは、ハンガーの種類をスリムなものに統一すること。洋服屋さんでもらうような幅広のどっしりしたハンガーは、場所をとるのでおすすめしません。ハンガー収納は必ずしも省スペースというわけではないので、大きなハンガーだとさらに洋服をかけるスペースが奪われてしまう。完全にジャマものです。

そしてハンガーの種類がまちまちだと、洋服をかけたときの高さがそろわなくて、クローゼットのなかがスッキリしないのです。ハンガーは統一されていたほうが、見栄えは絶対にいい！

さらに洋服を色ごとに分けてかけていけば、服を探す手間が減るうえ、惚れ惚れするようなクローゼットが完成します。

私が使っているのは、三角ハンガーとスカートハンガーの2種類だけ。三角ハンガーはラバー加工されていて衣類がすべり落ちにくいもの。スカート用はマワハンガーのもので、クリップでなくバネ式なのでとってもスリムです。

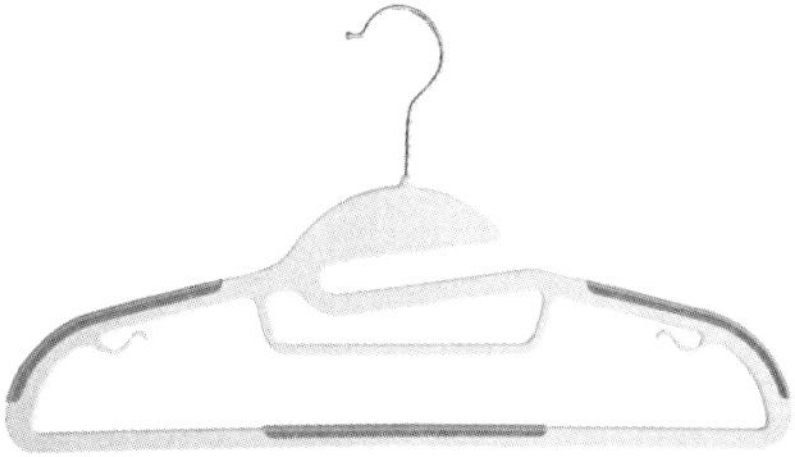

「ランドリーハンガー」はトップスの首回りが伸びることなく、服を通すことができます。肩の型崩れが気になる服は、3つほど重ねて使えばOK。
■トウキョウハンガー　https://www.rakuten.ne.jp/gold/shinbido/

▼衣類のたたみ方　たたむなら引き出しではなく棚置きに

収納本などでは、衣類はたたんで、引き出しやケースに「立てて収納しましょう」なんて紹介されることがありますが、本当は衣類にとって一番いいのは、折りジワが少ない収納法。

つまり、**ベストなのがハンガー収納で、たたむのなら平置きにたたんで、重ねて収納するのが洋服のためにはいい**のです。お店のディスプレイと同じですね。

立てて収納する方法は、平置きだたみに比べて、衣類を折る回数が多くなります。折る回数が多い＝折りジワができるということ。

平置きの場合も、同じ色同士の洋服を重ねれば、探しやすく、引き出しを開けたときにも美しい。3割のスペースがあれば、下のほうの服でもさっと取り出せるので、引き出しの開け閉めのたびにごちゃごちゃになったりしません。

どうしても衣類が多くて、引き出しのなかがいっぱいという場合は、やむをえず立てて収納する方法を選択しますが、これはたたむだけでも面倒。まずは厳選して、衣類の必要量を考え直してみることをおすすめします。

ところで、クローゼットの収納を考えるにあたっては、みなさん圧倒的に、ハンガーと引き出しという2つがメインだと思いますが、**「棚」**という選択肢も意外に侮れません。

クローゼットのなかに引き出し式のプラスチックケースを入れると、①クローゼットを開ける→②引き出しケースを開ける→③洋服を入れる、という手順が必要で、出し入れがかなり面倒。

しかも、引き出しのサイズに合ったたたみ方をしないと、中身を出し入れするたびにぐちゃぐちゃになりますし、その気になればけっこう詰め込めてしまうため、ついつい衣類を溜め込んでしまう原因にもなります。

洋服をたたんで収納するなら「棚」がおすすめ。可動棚を使えば好きな高さに。

その点、棚なら、①クローゼットを開ける→②洋服を入れる、でサッと出し入れが可能です。**ひと目で衣類の把握ができ、引き出しより衣類を取り出しやすいので、中身が乱れにくい**というのも嬉しい点です。

生徒さんとのお片づけの際、クローゼットのなかに収納ケースを置くと使いにくいので、クローゼットにDIY用の素材を使って、可動棚を自作しました。

棚板は可動OKなので、モノの高さに合わせて簡単に変えることができます。もし引き出しを入れたくなったら、収納ケースを設置するだけ。普通に収納ケースを積み重ねていくより、平置きにも対応できる棚のほうが、柔軟に収納できます。

脱いだ衣類　脱いだ洋服の置き場所も確保

みなさんは1日着た洋服、どうしてますか？　すぐにクローゼットにしまっていますか？　気にならないなら、それはそれで全然OKだと思います。

でも、雨の日に外出して洋服が湿っているように感じたり、クリーニングに出すほどではないけれどそのままクローゼットに戻すには抵抗がある、なんてときはありませんか？

私の生徒さんからも相談を受けることが多いのが、この1日着た洋服の扱いです。

クローゼットにそのまま戻すのは、臭いや湿気が気になり、とくにコロナ禍では不衛生な気がして、気が引ける。かといってそのへんの椅子なんかにかけておくとシワになっちゃいますし、洋服を出しっぱなしにする原因に。クリーニングにしょっちゅう出すのも、洋服が傷むので避けたいところです。

そこで、**クローゼットの片づけをしたついでに、1日着た洋服をかける場所をつくっておきましょう。**

私は、クローゼットの横の壁にフックを取り付けて、1日着た洋服を吊るようにしています。このフックは3連式なので、最低でも3着の洋服をかけられます。臭いが気になるときは、衣類用の消臭除菌スプレーをしてからクローゼットへ。

以前は、ものすごくテキトーなビスを壁に打ちつけて吊っていたのですが、1着しかかけられなかったので、結局、ほかのモノはクローゼットの取っ手に吊ったりして、どうにも見栄えがよくありませんでした。でも、今のフックに取り換えてからは、寝室のインテリアにも馴染んで、なかなかよいアクセントになっています。
1日着た洋服、しまう前の洋服にも、定位置をつくってあげましょう。そうすれば、服を脱ぎっぱなしにすることもなくなりますよ。

布団・タオル・衣類 仮置きして終了

残すモノと処分するモノの厳選が終わり、すべてのモノの住所を決めたら、すぐにその住所に移動できるモノは移動させ、そのままバックヤードにしまうモノはしまっていきます。中身のラベリングも忘れずに。

タオルを洗面所に置くことにしたけれど、洗面所がモノがぎゅうぎゅうでまだ移動できないというような場合は、押し入れに仮置きでOK。片づけを進めて、しまう場所ができたら移動させましょう。

住所をどこにするか迷っているモノも、押し入れに仮置きを。家が片づくにしたがって、モノの流れがよくなる場所が自然に見つかりますよ。

この段階では、すべてのモノは仮置きです。しばらく生活してみて、不便を感じたり、もっといい収納場所を見つけたら、住所をどんどん移してみましょう。使い勝手のよい、ぴったりの場所を見つけてあげてください。

見渡してみれば、いろんなモノを厳選していったことで、バックヤードに大きなスペースが出現しているはず。最後にこのスペースに何をしまうのがよいかも、考えてみてください。すごくワクワクしてきますよね！

リビングに出しっぱなしになっている子どものおもちゃ、本棚で場所をとっているアルバム、しまう場所がなくて散乱していた趣味の道具などなど。おすすめは、これまで定位置が定まりにくかったモノ。

もちろんそれらも、スペースにぎゅうぎゅうに詰め込むのはご法度ですよ。今後、急にモノが増えたときにも対応できるように、7割収納、ゆとりの3割スペースを確保しておくこと。

ここまでやったら、1日目は完了です！

2日目はキッチンと水回りに取りかかろう

▼シンク 三角コーナーと洗い桶を捨ててスタート

キッチンは、何をどこにしまうべきかが、どんな家でもある程度共通しているという、例外的な場所。マニュアル通りに片づけていけば、誰でも使い勝手のよい動線が確保できるという点では、非常に片づけがしやすい場所です。

というわけで2日目は、キッチンや洗面所といった水回りに取りかかりましょう。いわば1日目のバックヤードが「厳選と吹っ切れポイントの特訓」なら、2日目の水回りが**「動線を考える練習」**という感じでしょうか。

要らないモノを厳選し、動線を考えて配置し、さらに調理法や生活スタイルにほんの少し工夫を施すだけで、驚くほど使いやすいキッチンになります。毎日ピカピカのキッチンに立てるので、料理するのが楽しくなりますよ。

さて、**キッチンで目指すのは、広い調理スペースの確保と掃除のしやすさです。**

調理スペースをできるだけ広く確保するためには、本当は何もかも収納棚に納めてしまえればよいのですが、それが難しくても、外に出ているモノを極力減らすようにすれば、使い勝手が格段にアップします。

そこで、私からの提案は、**まず三角コーナーと洗い桶をとりのぞく**こと。この2つ、どこの家でも見かけますが、なくても何とかなるからです。どちらもシンクに置きっぱなしにするとヌルヌルしてくるし、掃除のジャマにもなります。それならいっそのこと省略するか、何かで代用しちゃえ！　というのが私が行き着いた結論。

三角コーナーは小さめのザルで代用。切ったばかりの野菜くずは不衛生じゃありませんから、調理に使うザルと併用したって問題なし。臭いや汚れが気になる食材を扱うときは100円ショップなどのポリ袋が便利です。

洗い桶は省略。食器に上から水をかければ、水に浸けるのと同じような状態になりますし、どうしても桶が必要ならボウルで代用したっていい。一番いいのは食事のあとすぐに片づけてしまうこと。洗い桶につけておく必要がありません。

夫婦2人暮らしまでなら、水切りカゴも要らないくらいだと思います。調理台に布巾を敷いて、洗った食器をそこに伏せていき、最後に乾いた布巾で水気を拭う。水切りカゴは場所をとるので、調理スペースを広くとりたいならおすすめの方法です。

まずは三角コーナーと洗い桶のないキッチンをつくることから目指しましょう。なくても何とかなるモノをいかに減らしていけるかが調理スペースを確保するコツです。

食品ストック　食べ切ってから買おう

残念なことにキッチンでもっとも捨てることになってしまうモノは、賞味期限の切

れた食品でしょう。ストックの多い家ほど、賞味期限の切れた食品がゴロゴロ出てきます。ある家で発見したのは、安売りのときに買い溜めしたマンゴーの缶詰。なんと、中身が膨張して缶がパンパンに膨れ上がっていました。思わずみんなで苦笑い。

缶詰であっても、長期間とっておくと腐ってしまうんです。あなたの家には、そんな賞味期限切れの食品ストックはありませんか？　まずは片っ端から賞味期限をチェック。

きっと、食べられなくなってしまった食品をごみ袋に入れるときには、少し後ろめたい気持ちになると思います。

「あー、もったいない！」

と、情けない気持ちにもなるでしょう。

そう思ったら、買い物は家にあるモノを確認して計画的に行うこと！　安いからといってついつい買ってしまうと、結局、買いすぎて使い切れず、捨てることになってしまいます。まさに、買い物にかけた時間と労力と、お金と食品の大いなるムダづかい……。

食品を安売りで買ったところで、数十円を浮かせられる程度です。それを考えると、管理できないモノが増えるほうが、エネルギーのロスになってもったいない。

捨てるときの「あー、もったいない！」の気持ちを胸に刻んで、これからは「食べ切ってから買う」を実践してみてくださいね。

キッチン　調理道具をすべて出す

キッチンの棚や引き出しからモノを全部出して、床に並べてみましょう。

食器以外のキッチン用品をすべて出すと、普通はそれだけで部屋がいっぱい。床を埋めつくすモノたちを見て、頭が真っ白になっちゃう方もたくさんいますから、「ウチのキッチンはモノが多いなあ」という場合は、一度に全部出さず、アイテム別に出して厳選していきます。

キッチン用品をすべて出したら、鍋やフライパンなどの「調理器具」、菜箸やヘラなどの「キッチンツール」、ボウルや包丁などの「下ごしらえ用品」、タッパーや琺瑯《ほうろう》などの「保存容器」とアイテムごとに分けます。そのあとに「使うモノ」「使用頻度

まずは調理道具を全部出す

キッチンのモノをすべて出すと、床を埋めつくすほどの量になり、驚かれる生徒さんがほとんどです。頑張って全部出しましょうね。

下ごしらえ用品

調理器具

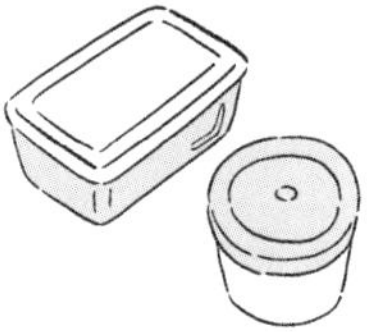

保存容器

キッチンツール

次はアイテム別に仕分け

モノが多い場合、まずはアイテムごとに仕分けしましょう。それから、使用頻度などで厳選していくと、作業が進みます。

の高いモノ」「何かで代用できないモノ」で、厳選していきましょう。

わが家では、菜箸は2組、お玉やしゃもじは2個ずつ、カトラリーは家族4人分プラス2セットと決めて、定数管理をしています。少ないと思われるかもしれませんが、これで困ることはまずありません。

目安にしてみてくださいね。

▼調理道具　代用できる調理道具選びを

キッチンって、こまごまとした道具が増えがちな場所ですよね。

便利グッズだと思って買ったものの、結局、戸棚の上でほこりをかぶっているモノ。「可愛い〜!」と衝動買いしたはいいけれど、使い勝手がよくないモノ。そして要注意なのが、ひとつのことにしか役に立たないモノ。

たとえば、レッスンで出会うことが多いのが、お米をとぐ専用のボウル。けっこう収納スペースをとるのですが、長いあいだの習慣で「お米をとぐには、これを使わなきゃいけないんだ」という思い込みに支配されていたりします。

でも、お米とぎはボウルとザルを重ねて、そのなかで両手でもむように洗えばいいんですよ。水を切るときは、ザルを持ち上げるだけでOK。ボウルもザルも、もともと持っているアイテムですから、米とぎ専用に場所を設ける必要はありません。

反対に、私はあく取り網をすごく重宝しているのですが、それはあく取りだけでなく、野菜を茹でるとき、揚げ物をするときにも使え、さらにこし器にもなってくれるからなんです。

愛用している鍋は、「十得鍋」。この名前は「十の得」があるところからつけられたそうです。

大中小の鍋がセットになっていて、無水調理で

持ち手のハンドルが取り外せて、入れ子にできる
アルミ芯のステンレス三層鋼「十得鍋セット」。
■宮﨑製作所　https://miyazaki-ss.co.jp

きるし、ご飯まで美味しく炊けます。揚げ物も少量の油でできて、お弁当づくりにも便利。ハンドルは着脱式で、入れ子にして収納できるし、値段も手ごろという、私には満点の鍋です。

こんなふうに、キッチンで使う道具はいろんな用途に使えるシンプルなものほど便利。実際に調理で使用している道具を思い浮かべてみれば、だいたい活用しているのはシンプルな道具ばかりではないでしょうか。

料理に必要な道具はそれほど多くはありません。毎日たくさんの道具を使って料理をしなければならないとしたら、それだけで疲れてしまいます。

レタスキーパーやにんにく潰し器、アボカドのタネ取り器などは、本当に要りますか？　今キッチンにある道具で「代用」できませんか？

油を固める製剤だって、あればあったで便利かもしれませんが、なくても困ることはありません。牛乳などの紙パックに新聞紙を敷いて、油を流し込んで可燃ごみに出せばいいんです。油を固める用途にしか使えないモノを、いくつもストックする必要はないような気がします。

大中小の3サイズ揃ったポリ袋は、中サイズひとつに「省略」できませんか？

キッチン道具を買うときは、今あるモノで工夫できないか、まず考える習慣をつけましょう。「省略」と「代用」がキーワードです。

調理道具の収納「入れ子」で賢く重ねる

キッチンで賢く収納したいなら、**「入れ子」**のモノを使いこなすのがおすすめです。

鍋やボウル、ザル、バットは、重ねて収納できるモノを選びましょう。

ときに見かけるのが、ハート形をしたボウルなど、なんだか変わった形をした調理道具。こうしたアイテムはおすすめしていません。

鍋類も、取っ手が外せて重ねて収納できれば、狭いキッチンでは心強い！　先ほど紹介した私の愛用鍋「十得鍋」も、入れ子で収納できるので省スペースです。

フライパンだって、ハンドルが外せれば、オーブンにもそのまま入れられるし、持ち手の洗い残しも気になりません。

そして、「入れ子」という意味では、意外と盲点になっているのが保存容器です。フタ付きなので、重ねて収納すると、けっこうかさばって場所をとる……。

そこでおすすめなのが、スーパーなどで売られている「ジップロック®」のコンテナー。フタをすれば積み重ねられ、フタを外せば重ねて収納できるという優れものです。

一般的な保存容器より、耐久性は劣るかもしれませんが、値段を考えれば、「ダメになったら買い替え」で気軽に対処できるので、なかなか使い勝手がよいのです。

キッチンの収納「下ごしらえ」「調理」「掃除」に分ける

さて、**キッチンで行う動作は、「下ごしらえ」「調理」「掃除」の3つに集約されます。キッチン収納では、この3つにゾーン分けして考えていきます。**モノを取り出すときにもほとんど動かずにでき、作業がサクサクはかどります。

まず「下ごしらえ」担当は、シンク下。ここにはボウルやザル、ピーラー、スライ

キッチンの収納は3つに分ける

バックヤード

・お菓子作りグッズ
・重箱
・割りばしやストロー
・乾物ストッカー
・お茶セット
・お弁当箱
・水筒

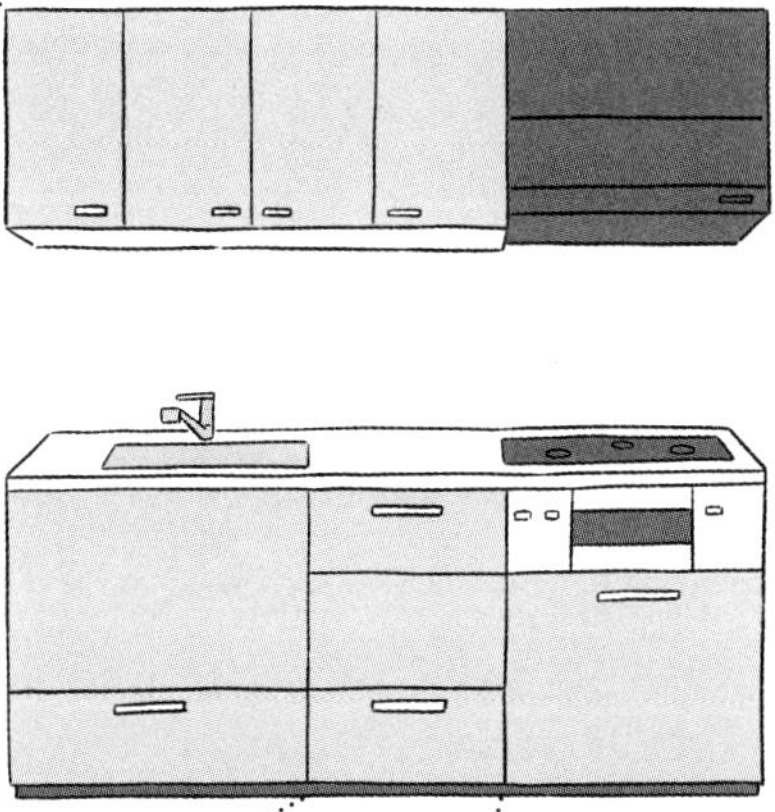

下ごしらえスペース

・まな板
・ボウルやザル
・調理家電

調理スペース①

・カトラリー類
・調理道具
・調味料
・お掃除グッズ

調理スペース②

・鍋類
・食材ストック

キッチンはゴールデンゾーンと作業動線で考えて、「下ごしらえ」「調理」「掃除」の3つに分けて収納すると、使いやすくなります。

サーなどを置きます。

次に「調理」担当は、調理台の引き出しとコンロ下。引き出しにはカトラリー類、菜箸やヘラなどの調理道具をしまいます。ここはキッチンのゴールデンゾーンです。毎日お弁当をつくるなら、このゴールデンゾーンの引き出しにお弁当コーナーをつくると、毎日の家事の時短につながりますよ。

コンロ下には鍋やフライパンを定位置に。

鍋はシンク下に置く人も多いのですが、鍋を取り出してコンロまで動かすことを考えると、ちょっと動作が大きくなります。鍋はコンロの下にしまうのが正解。鍋の種類が多い場合は、使う頻度の高いモノから取り出しやすい場所に優先してしまうようにします。

スパイス類もコンロの近くに棚があれば、そちらに収納します。よく使う塩と砂糖は、外から見える場所に置かれる方も多いと思います。その場合は、ケースを可愛いモノに変えてあげると、キッチンの雰囲気がグレードアップします。

たとえば、野田琺瑯《ほうろう》の「持ち手付ストッカー」なんていかがでしょうか？　質感がよくてうっとりします。調味料を入れるケースにしては値段が張りますが、雰囲気重視の方ならおすすめです。

たまにコンロの近くにフックを取り付けて、お玉やヘラなどの調理道具をかけて収納するアイデアを見かけますが、これはやめたほうが無難。すぐに手にとれる位置に置いてあって一見便利なのですが、どうしても油が跳ねる場所なので、掃除がとってもしにくい。それを考えると、その便利さは帳消しどころかマイナスになってしまいます。

▼掃除道具　アイテムはシンプルイズベスト

「掃除」担当のアイテムは、シンク下か調理台の引き出しで空いている場所を割り当てていきます。

水だけで汚れが落ちるメラミンスポンジや、私が足元雑巾と呼んでいる、床の汚れをサッと拭くための雑巾など、キッチンで必要な掃除道具はこれだけ！　いろいろ使ってみたけれど、結局、このシンプルな道具たちに勝るモノはありません。増やすだけスペースのムダです。

〈キッチンに必要な掃除道具〉

・メラミンスポンジ
・雑巾（足元雑巾）
・スポンジ
・中性洗剤
・漂白剤
・布巾（食器拭き用）
・マイクロファイバーの布巾（台拭き用）
・キッチンペーパー

私はこれに加えて、「ドーバー　パストリーゼ77」というアルコール除菌スプレーを常備しています。これは酒造メーカーがつくった除菌スプレーで、醸造用アルコールを使っているので、食品にも使用可能という、安全・安心なスプレーです。アルコール77％の強力除菌ができるため、キッチンの衛生管理はこれ1本にお任せ。

お弁当箱から、ゼリー容器・保存容器などの消毒、雑菌が気になる水切りカゴにもシュッとひと吹き。料理が終わったあとはシンクの水滴を拭って、シュッ。キッチンペーパーで拭き取ってスッキリです。

まな板や包丁の除菌はもちろん、冷蔵庫の掃除にも安心して使えます。

余分なスプレーは増やしたくはありませんが、ドーバーだけは特別扱い。普通ならすべてのアイテムを戸棚のなかにしまうのですが、これだけはすぐに使えるように、戸棚の取っ手にひっかけて

キッチンの除菌は「ドーバー　パストリーゼ77」でバッチリ。食品にも使えちゃいます。■ドーバー酒造
https://www.dover.co.jp/special/pasteuriser/

います。

身近に起きる食中毒や食品の腐敗は、かなり気になるところ。そんな惨事を防ぐためにも、せっせとスプレーしています。

食品ストックの収納 スーパーのように陳列

食品ストックの置き場で注意することは、2つあります。

ひとつめは、**あちこちに分散させないで、1カ所にまとめる**こと。

ふたつめは、**どんなものをストックしているか、一望できる場所を選ぶ**こと。

吊り戸棚の上のほうなど、脚立に乗らないと見えないような場所だと、見てすぐ中身を把握できないので、使い残しが必ず生じます。「一望できない」ということは、しまいにくく取り出しにくいということでもあります。

ストック置き場には、食器棚の下や調理台下の引き出しなど、パッと手に取れるような場所を見つけてください。

イメージは、「おうちスーパー」。スーパーの陳列棚のように、パッと手に取れるようにしておくと、「カニ缶があるからカニ玉をつくろう」「トマトソースがあるから今日はチキンのトマト煮にしよう」と、見ただけでメニューが決まります。

使いかけの乾物類は、ホームセンターで購入した「乾物ストッカー4.0」という透明な保存ケースに入れて保存しています。くり返し使える乾燥剤付きなので、カツオ節やパン粉、昆布といった湿気を嫌う乾物類にはもってこい。ひとつのケースに相乗りで、いろんな乾物類をポンポン入れています。輪ゴムやパッチンで留めたりもしません。袋のままポン、こんなところも大ざっぱですね(苦笑)。

ケースが複数必要になったら、マスキングテー

乾物類は乾燥剤が付いている「乾物ストッカー 4.0」に。スリムなサイズも魅力。■イノマタ化学
https://www.inomata-k.co.jp

プで中身をラベリング。パッと見れば、誰でもわかるようにしておくのが大切です。

小麦粉、塩、砂糖の保管には、1袋分が入る大きさの容器を用意。移し替えの手間と、残った調味料の袋の保存スペースが要らなくなります。とくに小麦粉は袋のまま使うと粉が飛び散りやすいので、ケースに移し替えて使うと便利ですよ。

引き出し 色と素材で分けて仕切る

キッチンツールやカトラリーの引き出しは、色や素材でざっくり分けて片づけると使うときに探しやすくなります。洋服などと同じ考えですね。

素材や大きさがそろっていると、引き出しを開けたときの美しさにうっとり。料理をする気持ちも高まります。種類や形、大きさなどで分けると、こまかすぎて使ったあとに戻すのが面倒ですし、仕切りが多すぎてかえってスペースをとることがあります。

色や素材で分けて、ざっくりと仕切って構いません。頻繁にモノが出入りするキッチンの引き出しは使っているうちに乱れてきます。

でも、引き出し1個なら5分で片づけられます。私もカレーを煮込んでいるときやお湯を沸かしているときなど、待ち時間を利用して整理するようにしています。

いつの間にやら紛れ込んだ、違う引き出しの住人たちは、元の引き出しへ。5分でサクサク片づけるには、すべてのモノの住所をきちんと決めておくことが大切です。だけど、あまり細かく分けると家族も探しにくいし、しまいにくいので、「色・素材でざっくり」程度が負担がありません。

片づけやすくするためにも大ざっぱでいい部分は、大ざっぱでOK！　それがきれいを長続きさせる秘訣です。

食器棚　3割のスペースが残るように

バックヤードの収納は、3割のゆとりを残すことがポイントでした。これはキッチンでも同じです。

キッチンは、根菜類、リサイクルごみ、パンやお菓子、さまざまなものが出しっぱなしになりやすい空間です。だからこそ、7割収納になれば使い勝手はかなり上がります。

戸棚のなかも、引き出しのなかも、食品ストック置き場も、すべて7割収納。そうでないと、とくにモノが流動的で、作業する場所であるキッチンは、きれいを維持しにくくなっちゃう。

もちろん、食器棚も7割収納。ぎゅうぎゅうに詰め込むために、お皿を立てて入れたりしなくても、7割収納なら種類ごとに平置きにできます。使いたいお皿がさっと見つかって、しまうときにもササッとしまえる。

「うちのキッチンは狭いから、到底ムリ！」

なんて思った方も、大丈夫。キッチンが狭くて

7割収納にして、さらにわが家は、サイズごとに分けています。探しやすく、見た目もスッキリ！

も、代用できる調理道具選び（P126参照）でなんとかなります。

イケアなどで見かける海外のキッチンツールは憧れるけど、大きすぎて、日本の狭いキッチン、引き出しには収まりにくいのが難点です。結局、使い勝手のよい場所にはしまえなくて、取り出すのが億劫になり、ほこりをかぶったまま……なんて状況になってしまいますから、**キッチンツールはなるべく小さめで使い勝手のよいモノを選ぶようにしましょう。**

冷蔵庫　お米の保管はペットボトル×冷蔵庫

みなさんはお米をどこで保管していますか？　コンロやシンク下の戸棚に保管している方が多いでしょうか。

私の実家でも、米びつストッカーと呼ばれるモノに入れて、コンロ下に保管していました。透明のプラスチックのケースで、フタが半分開くようになっているアレです。

結婚してからは、お米がたくさん必要だと思って、3合とかがザーッと出てくるタイプの大きなストッカーをキッチン収納に入れていました。けれど、ものすごく場所をとっていました。でも今は、2リットルのペットボトルに入れてスッキリ。3本に、5キロのお米がぴったり入ります。

そして、**置き場は冷蔵庫。**じつはお米は、湿度が低く低温の場所で保存するのが向いているので、冷蔵庫が最適なんです。湿気が溜まりやすいシンク下やコンロ下は、意外にも不向きなんですよ。

冷蔵庫で保管すると、お米の酸化が防げて、ぬか臭くなることもありません。それに、ペットボトルなら、大きなストッカーと違って掃除に気を遣わなくてもいいのが嬉しいところ。

ストッカーに溜まった古いぬかは、そのままにしておくと虫がつく原因になるので、定期的な掃除が欠かせませんが、大きなストッカーだと掃除するのもひと苦労だし、きれいに掃除したつもりでも、ぬかが取り切れていなかったりします。

その点、ペットボトルならザーッと水ですすぐだけですみますし、それすら面倒であれば、ペットボトルを替えればいいというのも気楽です。

ペットボトルでお米を保管するなら、「米びつろうと」という商品を併用すると、さらに便利。この商品、計量カップにもなり、漏《じょ》斗《うご》にもなり、ペットボトルのフタにもなってくれるという便利アイテムです。

小さい冷蔵庫を使っている夫婦2人暮らしなどでしたら、購入するお米を2キロずつなどにすれば、ペットボトルの本数を減らせます。

私はこの収納方法にしてから、大きな米びつのために取られていたキッチン下のスペースも有効活用できるようになり、本当に助かっています。おすすめですよ！

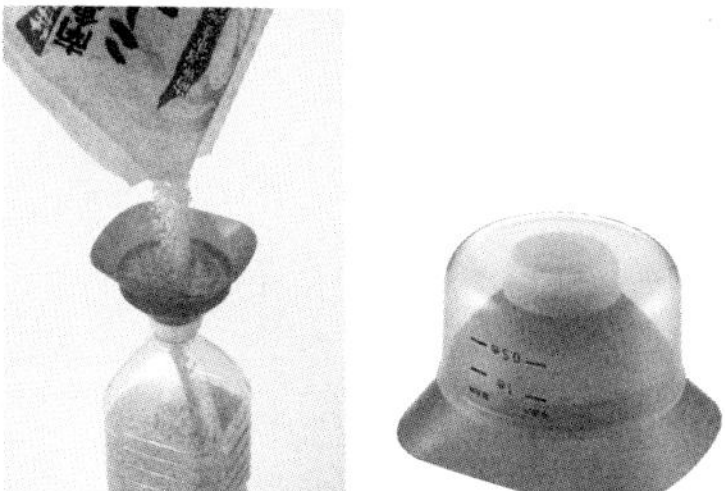

お米はペットボトルに入れて、冷蔵庫保管がおすすめ。
入れ替える際に「米びつろうと」を使うとラクですよ。
■曙産業　https://www.akebono-sa.co.jp

キッチンの掃除 1 調理のしやすさを考えた収納に

とにかくキッチンの片づけで気をつけるべきなのが、外にモノを出しっぱなしにするという状況をつくらないこと。

これはキッチンだけでなく、洗面所もリビングもどこでも同じなのですが、とくにキッチンは「作業」をするスペースなので、モノの出し入れが多くなります。そういう場所でモノが外に置いてあると、あっという間にモノの流れが悪くなり、片づかないキッチンになってしまうのです。

ある生徒さんの家では、食器棚の前には根菜入れが置かれていて、食器が出しにくくなっていました。調理台の上も、定位置の定まっていないこまごまとしたモノたちがつねに置かれている状態。これでは掃除がしにくいし、料理するときのイライラのもとになります。テンションも上がりませんよね。

だけど、使っていないモノ、不要なモノを厳選し、動線を考えた収納をした結果、どうでしょう。こまごまとしたモノであふれていたキッチンがスッキリ。どんなにモノが多い家でも、使いやすいキッチンは実現できるんです。
生徒さんからは、メールでこんな嬉しい感想をいただきました。

＊　＊　＊　＊　＊

おかげさまで、キッチンがとても使いやすいです。
わが家は晩御飯後すぐ片づけ！　というのが難しく、
どうしても夜中や明け方に片づけ……となってしまうのですが、
それでも、今まで片づかないまま次の用意を始めていたのが、
ちゃんと短時間でリセットできる！　すごい！
前よりずっとキッチンに立つのが楽しくなりました。
それだけでも十分感動なのですが、主人の実家でキッチン整理をすることができ、
今まで隠れていたスペースが出現しました！
作業台はほぼ何もなくなり、食料品は仲間ごとに引き出しに収まり、
「もうちょっとで雑誌に載せられそう」とお義姉さんがつぶやくほど

きれいになりつつあります。

ここのところ連日寝不足で疲れていたのですが、疲れも吹っ飛ぶほどでした。

＊　＊　＊　＊　＊

そうなんです。一度キッチンが片づくと、元の状態に戻す「リセット」も簡単！

しかもたった1回のレッスンで、ほかのキッチンまで整えられるようになっちゃう。

つまり、理屈はどこの家のキッチンでも同じということ。

モノを減らし、動線を考えて、すべてを戸棚か引き出しに収める。これがリバウンドしない秘訣なんです。

キッチンの掃除② 片づくと家族の意識も変わる

もうひとり、別の生徒さんの理想の暮らしは「気軽にホームパーティができる家」。

家族ぐるみの付き合いをしている仲間同士、招いたり招かれたりすることが多いのに、家のなかを見せるのが恥ずかしくてストレスになっていたとか。

本来はすごく素敵な家なのに、キッチンカウンターの上はモノでいっぱい。素敵な家でも雑然とした部分があると、とたんに素敵に見えなくなっちゃう。じつにもったいないことです。

ダイニングテーブルやキッチンカウンター、調理台の上は、ついモノを置いてしまうスペースです。一時置きのつもりでも、住所が定まっていないモノは、これらの場所の上がいつのまにか定位置に。こうして物置き化していくんですね。

だけど、「気軽にホームパーティができる家」というゴールが見えているので、あとはこれまでのやり方に従って、正しく片づけていくだけ。

多すぎるストックは必要なし。ダイニングテーブルも、キッチンカウンターも、調理台も、モノを置かない状態にすればいいのです。使うモノをあるべき位置に片づければ、友達にキッチンに立ってもらっても、「アレはどこ?」という迷いが生じない使いやすいキッチンが生まれます。ついついモノを置いても、定位置に戻しやすいので、きれいをキープしやすいんです！

そしてもうひとつ。**家族が毎日使うキッチンが美しくなると、家族の意識も変わるんです。**きれいに整ったキッチンで、何かを出しっぱなしにすると、それだけですごく目につきます。だから家族も、「あ、しまおう」と思ってくれるようになります。

モノが出しっぱなしにならないキッチンだと、シンクやカウンターもピカピカにしやすくなります。というか、モノがないおかげで、シンクやカウンターの汚れや曇りがどうしても目につくようになり、磨く気になっちゃう。

この「ピカピカ」というのが肝で、光るべき部分が光っていると、部屋の素敵さが一段階アップして見えるようになります。家をグレードアップするためにも、モノが外に極力出ていないキッチンを目指しましょう。

▼洗面所の収納 1 定数と定位置を明確に

キッチンの片づけが終わったところで、ほかの水回りスペース、洗面ランドリーもついでに片づけてしまいましょう。

洗面所は、キッチンと同じくらい動線を考えたい場所だと私は思っています。なぜなら、ここはたくさんの「役目」がある場所だから。

歯磨き、メイクや肌の手入れ、髪のセット、それからランドリーも併設している家なら洗濯までする場所です。さらにお風呂の脱衣スペースでもあり、シャンプーや洗剤のストック置き場でもあります。

こんなにたくさんの役目があるのに、すごく恵まれた家でもないかぎり、洗面ランドリーのスペースは狭い……。この狭いスペースを、いろんな動作がしやすいように、そしてこまごまとしたアイテムを取り出しやすく片づけやすいように、動線を考えて整えるのが腕の見せどころ。

洗面所は、家族みんなが毎朝使う場所。気持ちのよい朝を迎えるために、ここはいつも清潔でスッキリきれいだと、家を整えることに協力的でない家にも「美の連鎖」が生まれますよ！

洗面ランドリーの整え方も、基本はこれまでと同じです。**収納するものを厳選し、**

スペースをつくる。外に出ているモノは極力少なく、動線を考えて収納していきます。

洗面台の上に歯磨き粉や洗顔料が出しっぱなしになっている家は多いですが、これも戸棚のなかにしまうこと。キッチンのシンクと同じく、蛇口も洗面器も鏡も、いつでもピカピカにできるようにしておくのがポイントです。外に出ているモノがなければ、水滴が飛び散ってもササッと拭けます。

では、今外に出ているモノたちを、使いやすさを考えて収納するにはどうしたらいいでしょう。戸棚のなかに入っているモノは何ですか？　普段、使わないモノをしまっておくために収納が使われていて、使うモノが出しっぱなしということはありませんか？

戸棚からモノを全部出して、厳選を進めていきましょう。

つい溜め込みがちな高くて捨てられない化粧品。今使っていないのなら、使えるモノはボディにも使用して1カ月で使い切ります。化粧品の使用期限は平均2年。それを超えてしまったら、もったいないけど処分。

洗剤などのストックは1個まで。ストック数を数えて把握し、使い切るまで次のストック分は買わないように。

洗面ランドリーをいつもすぐに片づく場所にしたいなら、ズバリ「定数を決めること」と「定位置を明確にすること」の2つが鍵。この2つをクリアできるように整えていきましょう。

▼洗面所の収納 ② 狭いところでは高さを活かす

わが家の洗面ランドリーには、背の高い収納ラックがひとつ置いてあります。ここには、バスタオル、タオル、下着、メイク用品、スキンケア用品、ヘアケア用品などが収まっています。

2畳のスペースに、家族全員が使うこまごまとしたアイテムを収納しなければならないので、スペースは最大限に活かさないと無理！　というわけで、**狭い洗面ランドリーでは、いかに高さを使い切るかが収納のコツのひとつになります。**

スペースの足りない洗面ランドリーで悩んでいる方は、中途半端な高さの棚にせず、思い切って天井近くまで届く背の高い棚にするのがおすすめ。

高さを活かすのが洗面所収納のコツ

洗面所ではスペースは最大限に活用がキーワード。天井近くまで収納をつくりましょう。もちろん、洗濯機の上のスペースも有効活用してくださいね。

ただし、本当に使い勝手のいい棚を購入するには、そこが「本当に使い勝手のいい定位置」なのかを検証する必要があります。だから購入は、片づけ後の「仮置き」でしばらく生活してみてから。きちんとサイズを測って、思い通りの棚が見つかるまでは我慢してください。

収納用品を買うときには、こんなふうに時間をかけることが意外に重要。思いつきで購入しても、なかなか使いこなせません。せっかく購入するんですから、本当に使いやすいぴったりのモノにこだわって見つけてくださいね。

洗面所の収納③ 壁の収納もお忘れなく

洗面ランドリーの収納で「高さ」とともにポイントになるのが、「壁面」の有効活用です。

ドライヤーなどは、家族で共有するモノなので、人ごとに仕切った場所には置きにくい。普段よく使うモノでもあるので、壁面収納に向いていると思います。

洗濯機の横のちょっとした隙間も、壁面収納で有効活用。こちらにはフックを取り付け、モップや掃除機などの掃除道具をかけています。

掃除機は、以前はボディがぼってりしたタイプのモノを使っていたので、押し入れの下段が定位置でした。でも10年以上使って、吸引力のなさを不満に思うようになって買い替えを検討するようになったとき、洗面ランドリーの壁面を定位置に変えました。

掃除機選びで私が重視した優先順位は、次の3点です。

1. 収納はランドリールーム
2. 見た目がよいこと
3. 吸引力があること

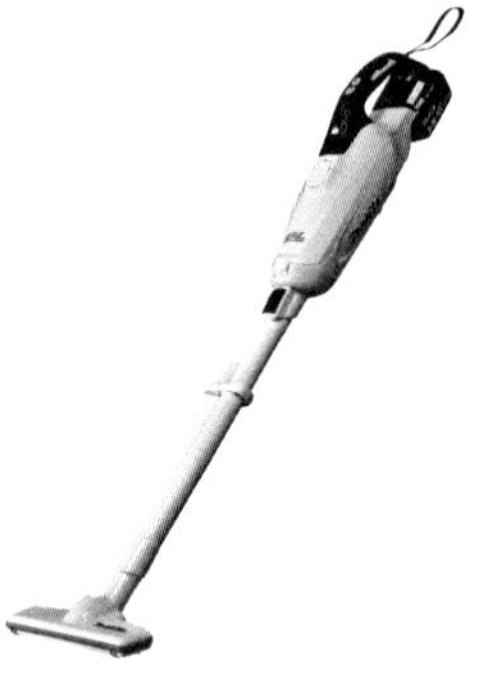

コンパクトなサイズで、見た目がよく、吸引力も申し分ない、マキタの充電式クリーナー（CL282FDRFW）
■マキタ　https://www.makita.co.jp

本当に悩んで悩んで、やっと出会ったのが現在のスティックタイプの掃除機（右頁写真）。軽いので壁にかけるのも負担にならず、しかもコードレス！　スリムで小回りがきいて、惚れ込んでいます。

家電製品を買うときも、収納場所を考えてから。スペースとサイズと使いやすさと値段。そのすべてを満たしてくれるモノを購入するには、それなりに時間が必要なんだと思います。

洗面所の収納④　「ゴールデンゾーン」を家族に割り振る

わが家の収納ラックは、下段が引き出し、中段が扉のないオープンラック、上段が観音開きの扉の付いた棚という構成になっています。こういう構成の棚だと、見せたくないモノ、忙しい朝にすぐに取り出して使いたいモノ、棚板の高さを変えて収納したいモノ、という具合に分けられるので、機能性を求めたい洗面ランドリーにはぴったりです。

下段の引き出しには、下着を収納。上から主人、息子、娘、私と引き出しに分け、モノが混ざらないようにしていました。コンタクトレンズグッズやコスメなども、人ごとにケースを分けて片づけます。

タオルだけは家族で共有しているので、人ごとには分けません。家族4人＋2枚のバスタオルとフェイスタオルはそれぞれ重ねて棚にしまっています。


収納スペースのゴールデンゾーンは、使う人の身長によって変わってくるので、背の高い人には高い位置を、低い人には低い位置を割り振ります。**家族それぞれのゴールデンゾーンに合わせて収納を割り振ると、みんなが管理しやすくなるので、出しっぱなしになるモノが減っていきます。**

同じくらいの身長同士では、片づけの苦手度、ズボラ度によって、使いやすいスペースを割り振っていくといいでしょう。ズボラな人には一番使いやすい場所を。マメな人には二番手で我慢してもらっちゃう。

モノの管理をラクにするには、家族それぞれが自分のモノを管理できるようにしておくことが大切です。ゴールデンゾーンを活用して、みんなが必然的に片づけに取り組むような環境をつくりましょう。

洗面台　ストックは少数を見やすくして

片づけに熱心で、研究に余念がない人でも、使いやすい洗面台下収納にするのは意外に悩みどころです。

いろんな収納のテクニックを使いこなしていたある生徒さんも、洗面台下収納には苦戦していました。一見きれいにまとまっていたのですが、「実際に使ってみるとしっくりこなくて、使いづらいんです」とのこと。洗剤や歯ブラシなど、形も用途もさまざまなモノを収納しなくてはならないので、使いやすさを追求すると難しいんですよね。

でも、ポイントさえ押さえれば、どんな方でも使いやすい洗面台下収納が実現できます。これまでも口を酸っぱくしてお伝えしていますが、ポイントは次の通り。

1. 定数管理する
2. 洗剤類はシンプルに。不用意に種類を増やさない
3. 3割のゆとりで出し入れしやすく
4. モノが見渡せるように(洗面台下では中身が見えるケースがおすすめ)

水回りの掃除は、メラミンスポンジをちょっとちぎって、目についたときにこまめに拭くようにすれば、水垢がついて困るようなことにはなりません。だから専用のクリーナーなんかは必要なし。私は大きめのメラミンスポンジを用意して、少

使わなくなった収納ケースを洗面所で採用。歯ブラシなどのストックを入れておきます。

しずつちぎりながら使っています。ほんのちょっと使うだけなので、使い終わったらごみ箱へ。ティッシュペーパー感覚です。

わざわざ洗剤を使わないと掃除できないなんて、面倒じゃありませんか？　気軽に手軽にできるようにするのが、「やらなきゃ」を溜め込まず、いつでもきれいな家をキープするための家事のコツです。

片づけの最後に登場するのも、メラミンスポンジです。キッチンも洗面台もすべて片づいたら、シンクや蛇口をメラミンスポンジでこすって、雑巾でから拭きしておきましょう。

水回りが光り輝くと、達成感も段違いです。ピカピカに磨き上げて、2日目、終了。

3日目はリビングと玄関を整える

リビング1　一歩引いた「お客さん目線」で

それではいよいよ〝家の顔〟ともいえる、パブリックスペースの片づけに入っていきましょう。

パブリックスペースというのは、公共性の高い空間のこと。家のなかでは、リビング・ダイニングや玄関などが当てはまります。

このスペースは、これまでの片づけ技術の集大成。1日目のバックヤードで行った「厳選」作業と、2日目の水回りで身につけた「家事動線」。この2つを柔軟に使いこなして、パブリックにも耐えうるくつろげる空間づくりを目指します。

ポイントは、「お客さん目線」。どういうことかというと、お客さんの気持ちになって家を見渡したときに、「素敵！」「気持ちいい！」と感じてもらえるようにしよう！ということです。

たとえば、ホテルの部屋に入ったとき、目につくモノすべてが整然と整っていると、気持ちよく感じますよね。リモコンもまっすぐ、ティッシュケースもビシッ、洗面ボウルには水滴なんか1滴もなく、棚にほこりが積もっているなんてこともない。

不思議なことに、自分がお客さんとして行く家では目につく〝ざわつき〟も、自分の家になると気づかないことって多いんです。普段生活しているうちに目が慣れてしまって、モノがあふれていても、乱雑になっていても、ちょっとくらいならへっちゃらになってしまいます。

そこで、客観的な視点を取り戻すために、部屋の写真をスマホでパシャパシャ撮ってみましょう。

お客さんが来るときと同じ動線で、玄関を入ってパシャ、リビングの扉を開けてパシャ、リビングの続きの和室をパシャ。

写真を見ると、これまで気づかなかったモノたちの〝ざわつき〟を如実に感じられますよ。「あれ？　ウチってこんなに雑然としてたっけ？」「ヤバい！　どうにかしなきゃ」と、人から見たわが家の状態にけっこう驚くと思います。

▼リビング② 個人のモノは使用禁止

リビングは、家族みんなで使う公共の場のようなもの。全員が気持ちよくいられるシステムにしないと、心がざわざわしちゃいます。

だから、**基本的にリビングには「個人のモノを置かない」というのが鉄則**です。子どものモノは子ども部屋。衣類はクローゼットに。夫婦のモノは夫婦の寝室に。

とはいえ、なんでもかんでも置いてはいけないというわけではありません。

たとえば、家族で遊んでいるゲーム。お父さんがリビングで読む本。お母さんの在宅ワークのPCなどなど。リビングで使うことが多くて、リビングに置いておきたいモノもあると思います。

どうしてもリビングに置きたい個人のモノは、置くスペースをしっかり決めて、そこからはみ出さないようにすればOK。

わが家の場合、子どもたちにはそれぞれ個室がありましたが、夫婦には寝室しかないため、夫と私のアイテムはリビングにも置いていました。テレビ台の下の引き出し2つを夫用、私用とそれぞれ決めて、個人個人で管理。

私の引き出しには、外出するときに使うハンカチや名刺入れ、パソコンのバッテリなどを収納していますが、夫の引き出しは夫が管理しているので、私は中身を把握していません。「ここはパパの自由にしていい場所」というスペースを設けるのは、お互いストレスがかからないので、案外、夫婦円満の秘訣かも、と思っています。

とにかく注意するべきなのは、**収納の「枠」を決めたら、そこからあふれさせない**ということだけ。リビングにモノが増えると、美しさの維持は難しくなりますよ。

リビング③ モノに頼らない暮らしを

リビングに置いてあるモノで多いのが、百科事典やら地図やらの大型書籍。なんとなく「百科事典をリビングに置くと、子どもが賢くなる」みたいなイメージがあるのか、買い与える親御さんが多いのですが（そして私もそうでしたが）、子どもがそれに興味を持たなければ、まったくのムダになってしまいます。

今になってわかるのですが、これは考え方のベクトルが反対向きでした。子どもを賢く育てたいなら、百科事典をドンと置くより、博物館に連れて行ってあげたほうがいい。そうしていろんな物事に触れさせて、子どもの興味を刺激して、百科事典が必要になったら、そのときはじめて買えばよかったんです。

モノからスタートすると、モノに頼りすぎてしまいます。何かの工夫をすることなく、「買えばいいや」となってしまう。そして結局、モノに圧迫されて、不自由な生活を強いられることになってしまう……。

片づけに悩むのも、これと同じマインドが原因になっている部分が大きいように思います。

使っていない百科事典などは、フリマサイトで売ってしまいましょうね。

▼リビング④ 子ども部屋にしない

「片づかない家」の特徴のひとつに、「どこもかしこも子ども部屋」というのがあります。

子ども部屋があるのに、リビングも、リビングの続きの和室も、子どものモノでいっぱいという家。小さいお子さんがいる場合は、子どものおもちゃ。少し大きくなると、子どもの学習アイテム。

負担がなく、片づけがスムーズにできて、リビングの景色も素敵なら、それはそれでいいでしょう。

だけど、そんなに片づけに時間がとれる人ばかりじゃない!! たいてい、ごちゃごちゃとしてきちゃうんですよね。

家庭の方針があるので、私がとやかく言うことではありませんが、勉強させたいからとリビングにすべての教材を置き、子どもに片づけのラクをさせても、いいことはないような気がします。

勉強道具は子ども部屋に置くことを基本として、リビング学習する際は、子ども部屋から必要な勉強道具を持っていくこと。そして終わったら、どんなにめんどうくさがっても、子ども自身で片づけさせましょう。小さいうちからズボラなクセをつけたくないと思うんです。大人になったら、嫌でもめんどうなことをいっぱいやらなきゃいけませんからね。

リビングは、仕事で疲れたお父さんやお母さんたちも、ゆっくりのんびり過ごす場所です。子どものモノばかりに占領されていては、リビングの役目が果たせなくなっちゃいます。

私の生徒さんには、子どもが4人いるために、子ども部屋がつくれないという方がいました。勉強する場所はリビングしかなく、勉強アイテムもリビング以外にしまう場所がない……。彼女がどうやって乗り切ったかというと、スチールラックにキャスターを付けて移動式の机をつくり、勉強していないときはジャマにならない場所に動かせるようにしたのです。部屋が足りない場合は、工夫が大事。リビングの役目が果たせるようになりますよ。

おもちゃ　片づけは知育にもよい

ある生徒さんの家では、リビングの床一面を埋めるおもちゃ、おもちゃ、おもちゃ。1カ所に置き切れず、あちこちにカゴや容器が置かれてあふれていました。おもちゃが多すぎて、遊ぶスペースがほとんどありません……。

レッスン中、私がおもちゃの厳選をするために、子どもたちに「このおもちゃ使う？　遊ぶ？」と聞くと、ほぼ「要る！」という答えが返ってきます。でも、「このおもちゃ、要るんだったらYちゃんのお部屋に持っていってね」と言うと……。

「じゃ〜要らない」

そうなんやぁ（笑）。自分の部屋にまで持ってくほど、大切なおもちゃではないんですね。

子どもが小さいうちは、おもちゃの管理は親がしてあげないと、本人にはできません。ひとりでは捨てることも、片づけ方もわからない。

リビングに置くおもちゃは、親が子どもに遊ばせたいと思っているモノだけ。そのほかのおもちゃは子どもと一緒に厳選し、子ども部屋かバックヤードに整頓して、片づけ方を教えてあげましょう。

片づけレッスンをしていてよく遭遇するのが、かなり小さな子どもたちでも、一度きれいな部屋を体験すると、見よう見マネで片づけ始めることです。

先日は、なんと1歳8カ月の男の子が、レッスン後に自ら片づけ始め、一同驚嘆しました。お父さんと一緒におでかけしたあとのバッグから、自分のおむつを取り出し、身振り手振りでおむつ用のカゴを取れと言うのです。お母さんがカゴを取ってあげると、自分でおむつを片づけてご満悦。

バッグのなかには毛布も一緒に入っていたのですが、今度はその毛布を片手にテッテッテッと走っていき、いつもの棚にきちんと収納しました。

その光景を見て、なまじの教育より、**片づけのほうがよっぽど知育になる！**と思いました。

片づけ終わった家では、子どもたちの遊び方が変わったというのもよく聞く感想です。

あるお子さんは、これまではブロックを床一面にバーッと広げて、適当に選んで組み立てていたのに、片づけ後はパーツごとにきちんと分類して、つくりたいものを想定してパーツを選ぶようになったのだとか。もちろん、ブロックの片づけまでちゃんとやってくれるそうです。

親が子どもに与える影響って、本当にすごい！　と思いませんか？

こんな話を聞くたびに、子どもたちも、部屋がきれいで片づけやすい家のほうが、現実に居心地がいいんだろうな～と思います。

▼書類　書類はほとんど捨ててよし

書類がリビングにあふれて困っている家、書類整理が苦手で片づかない家はとても多いです。

郵便物に学校のプリントや取扱説明書、不動産の契約書や控除関係の書類、保険証券といった重要書類。ねんきん定期便とかクレジットカードの明細とかは、捨てていいのかどうか判断に迷っちゃいますよね。

家のなかに存在する書類は、どこの家でも手を焼くほど種類が多く、どこに何があるか把握できなくなる筆頭なのです。

しかも、片づけが苦手な方って、大変きっちりされている方が多い。慎重で几帳面なんです。それゆえ、「何かあったときのために必要かも」と捨てられず、大量の書類が部屋に眠ることに……。

だけど、やり方さえ学べば、書類の管理は簡単。

まずは家中の書類をかき集めて、「残しておくべき書類」「捨てていい書類」の分類をします。

拙著『人生が変わる　紙片づけ！』（ダイヤモンド社）に詳しく書いたのですが、**残す基準は、「金目」のモノか、「使う目的のある紙」か、そうでないか。**これだけ！

ちなみに私は大ざっぱで大胆、失敗を恐れない、当たっては砕けるタイプです（笑）。でも、書類に関しては、本当にこの基準だけで問題ないんですよ。

お知らせや案内、広告の類は、確認したら処分するモノ。保管する必要はありません。ねんきん定期便やクレジットカードの明細は「お知らせ」なので、確認したら捨ててOK。

年々増え続ける年賀状は、その年にいただいたモノだけ手元に置いて、前年までのモノはすべて処分でも構わないと思います。次年度の年賀状を書くための資料として1年分の年賀状だけ残し、あとは送っていただいた方に感謝して、スキャンしてPDF化すれば、全部捨てることができます。

書類の管理① お金に関する書類だけ保管

反対に、重要管理が必要なのが、「金目」の書類。**証券、通帳、証書、契約書、年末控除の書類**などはきちんと保管しておく必要があります。こうした「金目」の書類以外は、みーんな捨ててしまって問題ナシ！

実際にレッスンしていると、保険内容のお知らせはあるのですが、「肝心の証券が見当たらない！」ということがすごく多いんです。なければ再発行もできますから、そんなに焦る必要もありませんが、保険証券なんかは内容を把握しておかないと、いざというときに請求できませんからね。

家庭内の重要書類、保険や株や投資などの財産管理……。

「主人に任せていますから、私は知らない～！」

とおっしゃる奥さまが多いのですが、そういう情報は夫婦で共有していないと、先々困る日が必ずやってきます。

私の生徒さんのおしゃれマダムもそうでした。数年前にご主人を亡くされてからは、書類管理が苦手というのもあって、すっかり放置。

継続中の契約は、書類がどんどん送られてきます。それらが次第に溜まって、どこに何があるのかまったくわからなくなっていました。

驚いたのが、一緒に書類管理をしていたら、大量の不要書類の隙間から無造作に高額の保険証券が出てきたこと。あやうく請求漏れするところでした。せっかくの保険がもったいない！

財産関係に関わる書類って、なぜか難しく考える方が多いのだけれど、そんなに難しいこと書いてませんよ。文字が細かかったりするので読むのが億劫ですが、腹を据えて読んでみると意外と簡単です。

もしわからなければ、銀行や証券会社に問い合わせを。金融機関には告知義務があるので、継続中の書類は必ず現在の状況を送ってきています。そこに書かれている問い合わせ先に電話1本するだけで、これまで把握できていなかった保険のことがクリアにわかって、心がスッキリ軽くなりますよ。

▼書類の管理② スマホのアプリでスッキリ

私は昔から、取扱説明書というものが大好きです。夫にも友人にも「ヘン！」と言われますが、電化製品を買うと、すみからすみまで読むのが趣味。

だけど、取扱説明書のような書類まで全部取っておこうとすると、かなり場所をとるんですよね。それで**今はスマホのアプリで管理しています。ポイントカードやお薬手帳なども**です。スマホが一般的になって、こうした書類管理がすごく便利になりました。

取扱説明書では、「トリセツ」というアプリがおすすめです。商品の型番を入力するかバーコード読み取りで、さまざまな取扱説明書を読むことができます。

ポイントカードでは「Ｓｔｏｃａｒｄ」。ポイントカードのバーコードを読み込んでおくと、カードそのものを持ち歩かなくても、スマホでバーコードを表示させてポイントカードの代わりになります。

お薬手帳のアプリはたくさんありますが、私は「ＥＰＡＲＫお薬手帳」を愛用しています。紙のお薬手帳と同じように、処方された薬をスマホでＱＲコードを読み取るだけで登録できて、病院で受け取った処方箋をアプリから送信することもできます。

病院と薬局が離れているときなど、とても便利。

あとは、子どもの学校の年間行事予定など、**すぐに見たい書類を保存するときは、スマホで写真を撮って、ＰＤＦデータにしています。**私はｉＰｈｏｎｅのメモアプリからスキャンしてＰＤＦにしています。

アプリの活用は、書類を減らすにはとっても頼りになる存在です。ぜひ活用してみてください。

▼書類の収納❶ 仕上げは「ホームファイリング」

リビングでは、各自のモノは、なるべく各自の部屋で収納するのが原則。では反対に、どんな家庭であっても、リビングに必ず置くべきモノとはなんでしょう？

それは、**ホームファイリング**です。

捨てる書類、残す書類の分類ができたら、次はホームファイリングで家族の共有書類を一元管理しましょう。書類や郵便物が出しっぱなし、子どもの学校関係のプリントが散らかりっぱなしになることがなくなるので、これだけでも部屋が相当スッキリするはず。

ポイントは、家族の誰もが中身を把握でき、そして5秒で取り出せる仕組みにしておくこと。

じつは私、会社員時代から書類整理は得意だったんです。ですから、片づけレッスンでも私のファイリングシステムは大好評。どこのご家庭でもすごく喜ばれます。そこで、長年培った私のホームファイリングのつくり方を余すことなくお伝えしましょう。準備するモノは4つです。

〈用意するモノ〉　※すべてA4サイズ

- **ファイルボックス**
- **個別フォルダー**
- **スティックファスナー**
- **ポケットリフィル**

この4つがホームファイリングに必須のアイテム。メーカーはどこでも構いませんが、私の場合、ファイルボックスは見た目がとってもシンプルな無印良品の「ポリプロピレンファイルボックス」を愛用しています。

ホームファイリングといえど、棚の扉を開けたときに見苦しくないほうがいい。その点、シンプルなホワイトで統一されたファイルボックスが並んでいると、見栄えがします。

ちなみに、個別フォルダーとは、書類を挟んで保存するための仕切りを兼ねた紙製のファイルのこと。ペラの書類なら、そのままフォルダーにポンと挟めばOK。

また、カード類などは、1枚ずつポケットで仕分けできるタイプのポケットリフィルで管理します。その場合は、個別フォルダーにスティックファスナーを取り付けて、リフィルを留めていきます（下の写真参照）。

これらを使って、カテゴリごとにボックスをつくっていきます。どんな家でも、家中の書類はすべて、次の6つの「基本カテゴリ」で片づきます。

1. 暮らし
2. 健康
3. マネー
4. 教育

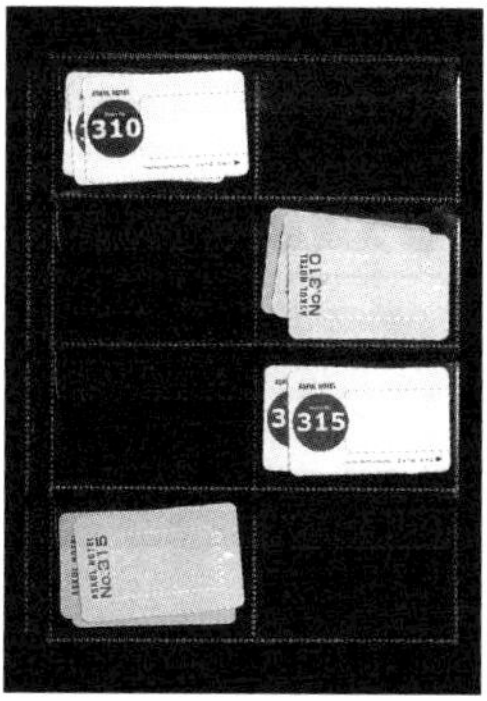

ポケットリフィルにカード類を入れて整理すれば、探しやすいですよ。個別フォルダーに挟むときはスティックファスナーを使ってくださいね。■アスクル「モノイレリフィル」（左）「スティックファスナー」（上） https://www.askul.co.jp

5. 取扱説明書／保証書

6. 未処理

厳選を終えた書類は、この6つのカテゴリにざっくり分けながら、ファイルボックスにどんどん入れていきます。

その後、それぞれのボックスごとに、さらに細かく個別フォルダーに分けていきます。たとえばこんな感じ（5はP173でご紹介したとおりアプリで管理）。

1. 暮らし――「ショップカード」「ゴミ分別表」「パスポート」「印鑑登録証」「喪中はがき」

2. 健康――「予防接種予定関係」「健康保険証」「診察券」「健康診断結果」

3. マネー――「税金払い込み控え」「保険証券」「住宅ローン関係」「年金手帳」「生命保険控除書類」「医療費領収書」

4. 教育――「年間行事予定」「塾」「おけいこ」「自宅学習管理書類」「制服申し込み書類」など

普段、収納は「ざっくり分ける」と強調している私ですが、こと書類に関しては、あまり大ざっぱだと検索しにくくなりますから、細かく分類すべきだと思っています。必要に応じて、フォルダーの分類を作成してください。

カテゴリをつくったら、すべての中身をラベリングして完成です。

ファイルボックスのなかも細分化。ひと目で中身がわかるようにラベルも忘れずに。

書類の収納 2 書類は家族で共有

郵便物が家にやってきたら、その場で要・不要をチェックして、不要なモノはごみ箱へ。必要なモノはひとまず**「未処理ボックス」**に。2、3日に一度はチェックして処理をしましょう。いつもこの流れで管理すれば、出しっぱなしの郵便物やチラシで、リビングの見た目が〝ざわつく〟ということがありません。

ホームファイリングは5秒で取り出せますから、学校関係のお知らせやごみ出しカレンダーなんかを冷蔵庫や壁に貼っておく必要もなくなって、部屋がスッキリします。個別フォルダーは中身が見やすいので、検索しやすいのが利点です。それだけに、既存の書類で要らなくなったモノもチェックしやすいのです。

随時処分していかないと、いかにホームファイリングが完璧でも、いずれボックスがパンパンになってしまいます。書類を入れるタイミングが、メンテナンスのタイミングと心得ましょう。

〈書類管理の流れ〉

家にやってくる

←

その場で要・不要を判断し、ごみ箱or未処理ボックスへ

←

スキャンで対応できるモノはスキャン

←

保管する書類を適したカテゴリのフォルダーに入れる。その際、要らなくなった書類がないかをチェックする

←

該当するフォルダーがなければ、新規でフォルダーを作成

これで家中の書類が一括管理できますよ。

そして、**ホームファイリングをつくったら、家族にも伝えておくことが大切。**家族みんなで使うリビングでは、家族みんながモノの在処を把握しておくことが、きれいを持続させるための秘訣です。

きちんと分類されていれば、家族の誰が見ても把握できます。「お母さん、保険証どこ？」と聞かれることもなくなるはずです。

▼リビング 5　15分以内の「リセット」で万全

リビングをスッキリ見せるコツ――それは、外に出ているモノを極力少なくすること。リビングの片づけを始める前に撮った写真をもう一度眺めてみましょう。外に出ているモノは、どこにしまうと使いやすいですか？　モノの量は適正ですか？

目安は**「15分以内でリセットできる」**こと。いくらモノの管理能力の高い人でも、それ以上リセットに時間をかけるとなると、維持するのが面倒になってしまいます。

リセットに15分以上かかる場合は、もう一度モノの量を見直しましょう。

「15分リセット」が可能になれば、家族団らんの時間や思い立った時間でサッと片づけが可能です。お客さまが来ても慌てません。

もし、自分が出しっぱなしにしやすいウィークポイントがわかっていれば、その一時置き場になるような可愛い小箱を用意するのも手です。

私も財布に溜まったレシートや外したばかりのアクセサリーを入れる、一時置き用のキラキラ小箱をリビングに置いています。レシートの束なんて、そのままガサッと置いておくと、ものすごい〝ざわつき〟になりますが、きれいな小箱のなかに隠してしまえば、見た目も悪くありません。

手を抜けるところは無理をしない。長続きの秘訣です。

文房具 シンプルにペン1本だけ

ごちゃごちゃと見えるペンスタンドは、リビングの外に出しっぱなしにせず、中身の文房具を収納する場所をつくるのがおすすめです。**リビングでは、外に出ている文房具はペン1本あればこと足ります。**

私はショップでひと目惚れした、タワーの形をしたペンスタンドをカウンターの上に置いています。これなら文房具というよりは、素敵なインテリア。家のなかが片づいて、自分の大好きなモノだけになってくると、ペン1本にもこだわりたくなってきます。

私も昔は、子どもの学校説明会や児童委員会など、あれこれいろんな場面でボールペンやシャープペンをいただく機会があって、「もらわなきゃ損～！」とばかりにもらっていました。

でも、リビングではペン1本あれば、ほかの文房具がなくても大丈夫。そうわかってからは、いただきもののペンはぜんぶ処分しました。お気に入りのペンスタンドの隣に、可愛くないペンでいっぱいのペン立てがあったら、台なしですものね。今はペンをもらう機会があっても、なるべくお断りするようにしています。

文房具はお気に入りの1本を。私はタワーの形をしたペンスタンドを愛用しています。

玄関の収納❶ すべてしまうのが鉄則

さて、パブリックスペースのもうひとつの代表格が「玄関」です。

玄関はまさに〝家の顔〟。お客さまが最初に目にするスペースですから、家とそこで暮らす家族の第一印象が形づくられる場所になります。

ですから、絶対に〝ざわつき〟は排除したい場所。靴もスリッパも、出しっぱなしは論外！　**何もかも全部、玄関クローゼットに入るように収納するのが前提**です。

方法としては、玄関クローゼットの棚を人ごとに分けること。その際、身長の低い人から下の棚を割り振ります。

基本は、収納できる量まで靴を手放すことですが、「それだとオシャレが楽しめない！」という人は、靴にも衣替えを取り入れましょう。

私がおすすめしているのは、シーズン外の靴は、1足ずつ収納できるシューズボックスに入れて、手が届かない玄関クローゼットの上の棚や、場所がなければ洋服のクローゼットに移動させてしまうこと。

冬物のブーツなんかは相当場所をとりますから、使っていない夏場に靴箱のゴールデンゾーンを割り振るのはもったいない！　反対に、冬になったら夏場のサンダルは収納の上部に追いやってしまえばＯＫ。

選ぶシューズボックスは、中身が一目瞭然の透明タイプが便利です。さらに重ねれるタイプなら、クローゼットにも収納しやすい。季節物の靴以外に、使用頻度の低いパーティ仕様の靴なども、同じ方法で収納可能ですよ。

どちらにしても、玄関クローゼットには入れられる数が決まっているから、買いすぎないことが一番ですけどね。

玄関の収納②　外で使うモノはまとめて置く

外に持っていって使うモノは、玄関に収納できると便利です。たとえば、レジャーシート、子どものお外遊び道具、傘など。使うと「土」がつくものですね。

反対に、「土」のつかないモノは、たとえ収納に余裕があったとしても、玄関には置きません。「土」がつかないということは、室内で使うということ。それをわざわざ玄関まで取りにいくのは面倒だからです。

私の生徒さんの玄関クローゼットにも、ときに思いがけないモノが入っていたりすることがあります。「部屋に本棚がないから」と、本や取扱説明書を入れていたり、「ストックが多すぎて、ほかにしまう場所がない」と、洗剤が入っていたり。

それはそれで使い勝手がよければいいのですが、やっぱり使うモノは使う場所にあったほうが便利です。

靴箱に入る量の本なら、家のなかが片づけばどこかにしまえるスペースができるはず。洗剤のストックも、なくなるまで買わなければそのうち姿を消して、ランドリーに置けるはず。部屋の役目が曖昧になればなるほど、モノの管理がしにくくなります。

傘の収納方法に悩む方は多いようですが、私は玄関クローゼットの扉の内側に100円ショップのタオルハンガーをビス留めして、そこにかけるようにしています。

色とりどりの傘は、外に出しておくと圧迫感がありますから、これでさらに玄関がスッキリ。たたきの掃除もラクチンです。

これで3日間のレッスンはすべて終了！　お疲れさまでした。

最後に、きれいに片づいたリビングの写真を撮って、ビフォア・アフターを比べてみましょう。写真で見るとなおさら、疲れが吹っ飛ぶほどの変化がわかると思います。

モノや収納グッズで隠れていたフローリングが顔を出し、広々としましたよね。モノにはすべて住所が決まり、使いやすさもばっちり。家事をしてみると、動きやすさにびっくりしますよ。

使いやすく片づいたキッチンでお茶でも淹れて、広々としたリビングでホッとひと息ついて、心地よく生まれ変わった空間を堪能してみてください。

色とりどりの傘は隠しておきたいところ。タオルハンガーを使って玄関クローゼットの扉へ。

第4章

一生リバウンドなし。きれいな家をキープするコツ

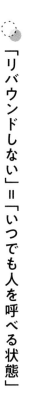

「リバウンドしない」＝「いつでも人を呼べる状態」

片づけのリバウンド防止には、友達を家に招くのが一番。

実際に招かなくても、いつでも人を招けるように〝きれい〟がキープされていれば、それはリバウンド知らずということです。そう、「リバウンドしない」という状態は、「いつでも人を呼べる状態」と同義なんです。

とくにコロナ禍の前は、レッスンの予約が殺到するのは、4月と12月でした。4月は、子どもたちの家庭訪問があって、先生が家にやってくる時期。12月はイベントが目白押しで、人が集まる機会がたくさんあります。みんなに家のなかを見られちゃう前に、「なんとかしたい！」という心境なんですね。

海外には、しょっちゅうホームパーティを開く習慣があります。私も学生のころ、アメリカにホームステイをした際、ホストファミリーのお宅で、毎週末、それも土日とも（！）、誰かしら来てパーティするか、お呼ばれしているのを見て、びっくりしました。

その家には高校生の女の子と8歳の男の子がいましたが、リビングにはおもちゃや子どもの教材なんて皆無。全然ごちゃごちゃしていないんです。まるで、映画に出てくる家そのもの。お母さんはお仕事もされているのに……と、カルチャーショックを受けました。

子どもたちの個室には、衣類やモノが散乱していることもよくありました。でも、それについてはお母さんは何も言いません。反対に、リビングなどパブリックなスペースにモノを置きっぱなしにしていると、必ず子どもたちに注意が飛びます。

リビングはみんなで使う部屋。誰かひとりのモノで占領されては、ほかの人が迷惑する。子どもたちもそうやって小さいうちからしつけられるので、個人の部屋以外乱れるということがないんですね。

そんな機能的な家なので、頻繁に人が来ても苦にならない。むしろ人が来るからこそ、リビングもキッチンもつねにきれいにしておきたいという意識が高まるのでしょう。

海外では、大人は大人、子どもは子どもと、親子間の境界が日本に比べてはっきりしていると感じます。

日本はどちらかというと、密着した親子関係。たとえば、休日に家族でお出かけするとしたら、遊園地やファミレスなど、子どものことを考えて行き先を選ぶ、または子どもの意向が最大限に優先されるという家は多いのではないでしょうか。

私自身は、暮らしやすくなるなら海外の考え方を取り入れていきたいけれど、日本人として日本で暮らしているんだから、とくに欧米賛美をしたいわけではありません。日本の暮らし方には、欧米にはないよさがたくさんあります。

ただ、こと片づけに関して言えば、子どもが家の中心になるのは考えもの。すべての部屋が子ども仕様になって、大人のためのスペースがなくなってしまうからです。

本当は、家族のために忙しく働いている両親にこそ、くつろぎの空間が必要。そこに子どものおもちゃやお絵描き道具がつねに散乱していたら、くつろげませんよね。


いつでも人を呼べる家というのは、ある意味、「大人目線の家」です。

子どもと大人の境界をはっきり分けて、子どもたちには「この部屋はあなたの好きにしていいよ」と自由になる空間をあげる。そうすればそこが、家のあり方や、ほかの家族を尊重することを教える学びの機会にもなります。

私がレッスンに行った家の子どもたちも、そのほうが居心地がいいみたい。家中すべてが子ども部屋だと、結局「自分だけの空間」と思える場所がないんですよね。

反対に、子ども部屋に両親のモノがどっさり置いてある家や、「いずれ子ども部屋に……」と思いつつ、長年、物置き部屋と化している家では、そこがきれいに片づくと、小さな子どもでもとてもうれしそうな顔をして、広々とした部屋を駆けまわったりします。

子どもたちが少し大きくなったら、友達を家に呼んで遊ぶこともあるでしょう。そんなとき、子どもが安心して友達を呼べる家は、子どもの誇りになると思います。反対に、「ウチは汚いから友達を呼ぶのは恥ずかしい」なんて思われていたらちょっと悲しい。

子どもは子どもで、シビアに親の観察をしています。数年前、ウチの息子の同級生で、普段はおとなしい男の子が遊びに来てくれたときのこと。彼が何気なく放ったひと言に、私は思わずのけぞりました。

「ぼく、不潔な家でお菓子出されても食べへんねん。気持ち悪いから。そういう家では食べへんよ」

おお〜、怖い！　子どもだと思っても、よく見ている……。それを悪気なく言っちゃうあたりはまだまだ子どもですが、感覚は大人と同じか、むしろ大人より正直なんです。

いつでも人を呼べる家だと、人との関わりを面倒だと思うひとつの大きな要因が解決されることにもなります。

家のなかを人に見られたくないと、人が訪ねてきても迷惑そうにしてしまったり、対応するのに面倒くささのほうが勝ってしまったり。それでどんどん人を遠ざけて、親戚づきあいや友達づきあいが疎遠になってしまうのは、悲しいことではないでしょうか。

「いつでも人を呼べる」という状態をキープできていれば、人との関わりを面倒に思う要素が確実にひとつ減る。これって小さなことだけど、かなり重要なんじゃないかなーと思います。

片づけをすると、そんなところにも変化が出る！　片づけこそ、暮らしと人生を支える根幹なんじゃないかなと私が思うのには、そんな理由もあります。

1日1回のリセットで毎日きれいをキープ

どれだけ完璧に家一軒を片づけても、毎日生活し、活動しているわけですから、当然のこと、使ったモノは収納場所から移動します。

そのつどそのつどしまえればいいのだけど、忙しい生活のなかではそれが難しいときだってある！　リビングのテーブルでちょっと作業をしていたら、急に外出する用事ができちゃった！　とか、疲れて億劫《おっくう》になって後まわしにしちゃったりとか。

面倒くさがりの私は、そんなことしょっちゅうです。いつもモノをしまうことに追われていたら、かえって生活にゆとりがなくなっちゃう。

だけど、家のなかが汚くなることはありません。それは、本書でご紹介している家一軒の片づけシステムが、ズボラな私でもきれいに維持できるような仕組みにしてあるのと、1日1回の「リセット」を習慣にしているからです。

ここで「片づけ」と言っているのは、モノを厳選し、住所を決めていく作業のことです。部屋の役割を明確にする必要もあるし、動線も考える必要がある。つまり思考を使う作業。家一軒丸ごと行うので、時間も体力も使いますし、肉体的にも精神的にもけっこう疲れます。

対して、**「リセット」とは、モノを元の位置に戻すだけ。**何も考えず、淡々と行ってしまえる単純作業です。すでに家の片づけが終わった状態で行うものなので、朝起きてから顔を洗って歯を磨いて……というときのように、何にも考えずにできてしまう。

私の場合、夜、寝る前にキッチンのリセットをしたら、そのままリビングもパパッとリセット。私のライフスタイルでは、夕食の後片づけと一緒にほかの部屋のリセットをするのが、一番効率がいいからです。

かかる時間は全部で15分もないくらい。もし、しまうのを後まわしにしていたモノがあったとしても、ここですべて定位置に戻されるので、家はつねにスッキリ。

リセットにかける時間が短ければ短いほど、日々の生活はラクになります。目安は15分ですが、10分とか5分ならなおよし！　家族の人数が少ない方や独り暮らしの方などは、もっと短い時間でリセットできるよう、ぜひチャレンジしてみてください。

リセットのタイミングは、出勤前や会社から帰ってきたあとなどでもＯＫ。タイミングさえ決めておけば、いつでもやりやすいときでいいですよ。

このリセットに時間がかかるようだと、モノをさらに厳選する必要があります。


一度、片づけ切った家では、リセットがすごく簡単！　だから1日1回やるのも苦じゃないし、もしかするとマメな方なら、とくに意識しなくてもリセットがすんじゃっているという場合もあるかもしれません。

だけどいくら簡単とはいえ、私だって疲れて帰ってきた日には夕食をつくるだけで精根使い果たし、「もうなんにもしたくなーい!!　ゆっくりしたい」と思うときがあります。

そんなときの心強い味方が、生徒さんたちと行っている「シャッターガラガラ閉店」のかけ声です。これは何かというと、1日の最後、リセットし終わってピカピカになった家（とくにキッチン）のようすを写真に撮って、「フェイスブック」や「LINE」で送り合うというもの。そのときの合い言葉が「シャッターガラガラ閉店」なのです。

不思議なことに、写真を撮って載せる側だけでなく、見る側も、この「シャッターガラガラ閉店」を目にするとやる気が起きるみたい。

「京子先生の『フェイスブック』を見てから、食器をちゃんと拭くようになりました！」

「今日はもう寝ちゃおうかなと思ってても、写真を見ると〝私もやろ！〟って気分になります」

なんていう方がけっこういます。

だから、くじけそうになったときは、友達と写真を送り合ってみるのはいいアイデアです。家事は誰からも褒められず、モチベーションを保ちにくいけれど、友達同士で「シャッターガラガラ閉店」を褒めちぎり合う。そんな片づけ仲間、いかがでしょう？

部屋のなかから、〝ざわつき〟を除く

人の印象と同じで、家も第一印象って大事だなと思います。

誰かの家に呼ばれたとき、玄関がきれいにお掃除されていたり、季節の花が飾られていたりすると、

「この方は四季を楽しみながら暮らしているんだなー」

「心豊かな方なんだなー」

と、すごく素敵に思います。

同様に、玄関を上がってリビングに入ったときも、入り口から最初に目に飛び込む場所で、部屋の第一印象が決まります。こういう最初に目に入る場所のことを**「フォーカルポイント」**と呼びます。

部屋の第一印象＝住んでいる人のイメージ。だから、フォーカルポイントをとくに意識して整えておくと、イメージアップにすごく貢献してくれるんです。間違っても、書類や新聞やチラシなどの一時置きスペースにはしないこと。ココは入念に〝ざわつき〟を排除しておくべき場所です。ほこりも、いつもきれいに掃除しておいてくださいね。

できれば素敵な絵を飾ってみたり、可愛い小物を置いてみたり。フォーカルポイントこそインテリアにこだわると、グンとおしゃれな空間になります。季節の花やグ

リーンなんかもいいですね。

わが家では、リビングに入ってすぐに目に入るのが、ソファーです。ソファーの上には、白い壁の上に、ゴールドでふちどられている鏡がかけてあって、この一群がフォーカルポイントになっています。シックだけど地味になりすぎない、大人っぽい色合いを演出しました。

ソファーに置いてあるクッションカバーは、季節によって色合いを変えています。夏は涼しげな色を、冬は暖かみのある色を。ソファーの印象も変わるので、使い分けて楽しんでいます。家のなかで季節感を感じられる工夫をする――こんなことも家を片づけ終わったあとの醍醐味。


部屋で感じる〝ざわつき〟は、モノをごちゃごちゃだけでなく、色のごちゃごちゃも原因になります。

「家の片づけは終わってモノは出ていないのに、ざわついている感じがするんです！」

という場合は、たいてい「色み」が原因。

家具などの大物や、ソファーやカーテン、テーブルクロスといったファブリック。これらの色みのバランスが悪いと、いろんな色が視界に入って〝ざわつき〟を形成してしまいます。

色にはイメージを生み出す大きな力があるので、赤をサシ色にするとか、あえて壁紙を原色にしてインパクトをもたせるとか、高度な使い方はいろいろあります。でも、色の初心者である私たちは、まずは大人しく基本を押さえ、それで物足りなければ次のステップに進む、というほうが、失敗が少ないと思われます。

その基本とは、**使う色を3色以内に抑える**こと。

厳密でなくても構いません。同系統の色に見えれば、1色とカウントしてOK。小物類や細かい柄に入っている色までカウントしていたら、3色で納めるのが難しくなっちゃいますからね。

ダイニングテーブルはフローリングの色みに合わせて選ぶとか、すでに合っていなければカーテンと同じ系統の色のテーブルクロスをかけてみるとか、収納棚は白で統一するとか、まずはそんなところから始めてみてはいかがでしょうか。

意外と簡単に〝ざわつき〟を排除できますよ。

写真を撮ってみると、部屋の〝ざわつき〟を客観的に眺められるのでおすすめです。

LINEレッスンをしている生徒さんには、いつも部屋のようすを写真に撮って送ってもらっているのですが、これがすごく客観視にいいようで、私のアドバイスがなくても、気になる部分を自分からどんどん直していくようになります。

写真に撮ると、普段は気にならなかった〝ざわつき〟が、不思議と目に入るんですよね。「この棚、もう要らないな〜。なかのモノを出して、撤去しよう」とか。

それから、美しいインテリア写真を眺めるのも、審美眼を鍛えるよい方法です。私自身は写真共有SNS「ピンタレスト」で海外の素敵なリビング画像などを探して、うっとり眺めています。

日本の狭い家ではなかなか実践不能な写真ばかりですが、どんなふうにフォーカルポイントを使っているかとか、色みの効かせ方とか、参考にできる部分はかなりあります。

やっぱり、きれいな部屋を見るのが、審美眼を鍛える一番の方法。まずは、一番よく目にする自分の家を片づけ切るだけでも、審美眼は相当アップすると思います。

ライフスタイルが変わったら収納も変わる

部屋の役目も、収納用品の配置も、一度決めたらそのまま、ずっと使い続けられるというわけではありません。

人生の節目や子どもの成長に合わせて見直していくことが大切。コロナをきっかけに、在宅ワークや備蓄のスペースが求められて、収納を見直したという方もいると思います。**ライフスタイルが変われば、部屋の役目も変わるということです。**そのときどきで、一番使いやすい方法を考えてください。

たとえば、クローゼット。子どもが小さいうちは、高い位置にあるバーに洋服を吊るすと、子どもの背丈では取り出せません。そんな場合は、クローゼットの下に引き出し収納を入れて、たたんで収納する方法を採れば、子ども自身で衣類を管理できます。一緒に洋服のたたみ方も教えてあげれば、これも子どもの自立心を養う、ひとつの教育になりますね。

子どもが大きくなってきたら、衣類もさらに増えるでしょうから、管理が簡単なハンガー収納のほうが手間がありません。持っている洋服がひと目で見渡せるようにしてあげれば、コーディネートの方法や、足りないアイテムだけ購入する買い物の仕方の勉強にもなります。

わが家のクローゼットは奥行きがあるので、娘のクローゼットは備え付けのバーを取り外し、奥に1本、手前に1本と、高さを変えてバーをひとつ増設しました。安物でいいので電気ドライバーがあれば、素人でも超簡単なDIYです。

こうしておけば、奥がシーズン外の衣類、手前がシーズンの衣類と分けられて、衣替えも自分でできます。「今日はちょっと肌寒いから、ジャケットをはおろう」なんて、子どもが自分で管理できるようにしておくと、早くから自立心を養えると思いますよ。

部屋の役割も、年を経るごとに変わっていきます。

子どもが独立したら、子ども部屋を書斎やゲストルームとして使うこともできますし、親と同居することになって、和室を親の部屋に改造することだってあるかもしれません。

子どもたちや親だけの問題ではありません。私たちが年齢を重ねたときにも、部屋の役目や収納の仕方を変える必要が出てきます。

お年寄りが一番怪我をしやすい場所は、意外なことに家のなかなんだそう。家のなかで脚立から落ちて、足を骨折した80代のお母さまの話をしてくださった生徒さんがいました。特別なことをしようとしたわけではなく、戸棚の上の鍋を取ろうとしただけだそうです。年齢がいくと、若かったときには平気な動作でも、だんだん困難になっていきます。高いところに上ってモノを取り出すのは危険だし、しゃがんだりすることが億劫になります。

お年寄りには、片づけは精神的にも肉体的にも大変な作業。長年培ってきた習慣を一気に変えることになるので、「身ぐるみはがされる思いだ」なんて言われることもあります。ですから、できるうちに家を整えて、心地いい暮らし方を選んでいくことが大切。

今からモノを厳選して、つねに暮らしやすさを見出す習慣をつけておくと、いざ老後を迎えたときに慌てることがないと思います。

つねに身軽に、フレキシブルに。こういう暮らし方をマスターすると、部屋の模様替えや移動も簡単にできます。

これはある意味、暮らしに対するリスクヘッジ。

万が一、今の家を手放さなくてはならなくなっても、急に引っ越しすることになっても、身の回りのモノが少なければ、機動力が高まります。どんな状況でも、その場に合った暮らしを構築していくことができるようになるんです。

日本人と異なり、アメリカ人にとって購入したマイホームは人生のすべてを賭けて住み続けるところではなく、そのときどきのライフステージによって住み替えていくもののようです。その過程では、住みやすくなるよう改装し、手を入れることで家の価値を高める努力も惜しまない……。

子育て中は大きな家に住み、子どもが手を離れてからは夫婦2人、こぢんまり住める家に移る、というダウンサイジングも一般的だそうです。余計なモノを背負っていては、こうした暮らし方はできません。

大切なのは、「家」ではなく、「暮らし」。そう、器より中身というわけです。このくらい柔軟に暮らし方を捉えられれば、どんな局面でも乗り切れそうな頼もしさを感じます。

そのためにも、モノを減らし、生活をシンプルにすること。特別なときだけ取り繕うのではなく、日常に手をかけて楽しむこと。

私たち日本人は、アメリカ人のように何回も家を買い替えていくことはできませんが、ライフステージに合わせて、家のなかの収納を何回も変えていくことはできます。

結局は同じことなんだと思います。

家族全員、モノの住所がひと目でわかる

わが家では、**ケースにはたいてい何でもラベリングがしてあります。**文房具も、薬も、延長コードも、みんなケースに納めてラベリングです。

家は家族みんなが暮らすところ。一人だけモノの在処がわかっていても、家族がわからなければ、みんなが暮らしやすくはなりません。

キッチンでは、とにかくラベリング！　乾物ストッカーに小麦粉入れ、パスタケー

ス……。ケースに入れるモノはすべてラベリングしてあります。

パスタは保管がしやすいように1種類ごとにケースに入れ、その際、袋はジャマなので捨てちゃいます。だからラベルには「ペンネ　9分」とか「フェトチーネ　11分」のように、種類とゆで時間を書いています。

これがわが家の習慣になっているので、家族がパスタを買ってきたときも、同じようにラベリングしてくれます。私が見てもわかるようになっています。ものすごく時間がないときは、ケースのなかに袋も投げ入れておいて、あとでラベリングすればよし！

私の出張中、主人が料理をする時も、ざっとキッチンを見渡せば、どこに何があるのかすぐ把握できているそうです。

こういうのって、家族のほうからしてもストレスがない。誰かにあれこれ聞かなきゃわからないのって、「モノを管理できていない」というストレスが家族の側にもかかるんです。

ラベリングしておけば、使いたいものが取り出しやすくなるだけでなく、使ったあとに元に戻しやすくもなるんですよ。片づけ初心者さんほど、一度ラベリングしてみたら、その使い勝手のよさに驚かれます。

私の場合、同じ用途で長く使い続けるモノのラベルはきれいにつくっています。ホームファイリングなんかは、中身は入れ替わるけれど、ボックスのカテゴリは変わらないので、テープライターの出番。

でも、中身が頻繁に入れ替わるモノなら、マスキングテープに手書きで十分。それこそパスタケースなんて、中身がころころ入れ替わるので、すぐ貼り直せるマスキングテープのほうが便利です。文字がきれいに印刷されたテープもいいけれど、家族が手書きでちょいちょいと書いたラベルも、味があっていいとおしいものです。

モノの在処がわかるというだけで、家族みんなのストレスが減る。こんなささいなことでも心穏やかに暮らせるなんて、ちょっとトクした気分になるんです。

家の片づけが終わって定位置を決めたら、ラベリングするだけでなく、家族にも必ず告知しましょう。家族みんなが理解すると、暮らしの変化がぐんぐんスピードアップします。

家族みんなで共有して使うモノは、誰でも中身を把握できるように。これが家の管理の基本。

そして、家族みんながモノを背負わないシンプルな暮らしのほうが気持ちいいと気づいたら、「片づけ懐疑派」の転向だって期待できます。

かくいうウチの主人も、片づけには長年、懐疑的でした。

「別にきれいに片づいていなくても、それが普通だと思えば不満はない。なぜ今の仕組みを変える必要があるのか？」

私が収納方法の変更を提案するたびに、こんなことを言っていました。それで何度、ぶつかり合ったことか……。

でも、ある時、考え方が変わったようなんです。

「ひとつわかったのは、家はきれいなほうが確実に気持ちがいいってこと。一度、それを体験したら、もう二度と元には戻られへんわ」

主人の口からこんな言葉が飛び出してくるなんて思ってもみませんでしたから、嬉しさのあまり、思考が一瞬フリーズしちゃいました（笑）。

最近の若い夫婦には、奥さんに協力して片づけに一緒に取り組まれる優しい旦那さんが多いような気がします。旦那さんや子どもたちが協力的なら、「暮らし改造計画」とか「気持ちよく暮らすぞ！　プロジェクト」みたいに家族会議をやって、みんなでアイデアを持ち寄って片づけを楽しむ方法もとれそうです。

片づけは、やっていくうちにどんどん楽しくなってきます。日常の暮らしも、どんどん楽しくなってくる。その過程をみんなで共有して楽しめる家族って、素敵だと思います。


少しずつの変化でも、毎日の生活が変われば、人生も変わります。長い目で見れば大きな変化です。

ここまでに挙げた5つのポイントは、身軽で、シンプルで、フレキシブルな暮らしを構築するためのちょっとしたアイデア。

でも、リバウンドを防ぎ、より美しく、より楽しく日常生活を送るための大事な心得でもあります。

そんな暮らしに、一歩一歩、近づいていきましょう。

第5章

片づけで3大家事の効率も格段にアップ

片づいた家では効率のいい家事ができる

ここまで皆さんと一緒に「3日片づけ」をしてきました。

家一軒を片づけ切ると、家事がラクで楽しくなり、暮らし方そのものが変わります。本当の片づけって、ただ部屋がきれいになるだけじゃなく、掃除や洗濯、料理をするときの行動の仕方が変わるんです。

みなさんも実際に部屋が片づけば、自然に家事のやり方が少しずつ変わっていくはず。

そして、「あ、こうすればラクにできるわ！」と家事のやり方が変わり、「ここの収納を変えたら、掃除がもっとラクになるな～」と家の片づけシステムが変わり、その両輪でどんどんステップアップしていく。人生ってそのくり返しなのかもしれませんね。

本章では、私自身が片づけを習得するなかで身につけてきた、掃除、洗濯、料理に関するちょっとしたコツをご紹介していきたいと思います。片づいた家があって、はじめて効率のいい家事が可能なんだとわかっていただけるはずです。

私が重視しているのは、「あれこれやらずにすませる」仕組み。とにかく面倒なことがなく、それでいて家と暮らしがきちんと保たれる方法です。

ですから、難しい話は一切ありません。むしろ、簡単すぎて拍子抜けしちゃうかも……。

だって洗濯なんて、ご紹介する項目が2つしかないんですよ！　これだけで完璧にこなせるんですから、やらない手はありません。

ラクできるところはラクをして、肩ひじを張らず、手順もわずか。その代わりに、メリハリを利かせて、家も暮らしが乱れることがない。手軽で時短だから、こまめにやっても負担にならない。私はそんな家事が好きです。それをひと言で言い換えるなら**「シンプル」**でしょうか。

たとえば、私の掃除の基本は**「から拭き」**で、レッスンでもいつもやり方を披露するのですが、みなさんからはこういう感想をいただきます。

「ほおおお〜。掃除機よりラクだわ。最新の掃除機なんていらないわね！」

もちろん、掃除機だって使うときには使います。でも、掃除機がなければ掃除ができない！　というわけではありません。使うとき、使わないときでメリハリをつければ、掃除もすごくラクになるんです。

「シンプル」に暮らしを楽しむための家事のコツ。ささやかなアイデアではありますが、きっとあなたの家事にも革命が起きることと思います。ぜひ取り入れてみてください。

片づく家事① 掃除

から拭きで掃除はラクできる

掃除機をかけたばかりなのに、気づくとうっすらとほこりが……。

「ん？　なんで？」

と思ったことはありませんか？　部屋全体に掃除機をかけても、どうもスッキリしない……。せっかく掃除をしたのに、なんだかガッカリな瞬間です。

私は、できるだけ掃除にかける時間は短～くしたいと思っています。

こなさなければいけない仕事も、やりたい仕事もあるし、楽しんだり、つくったり、出かけたり、話したり、笑ったり……。生産性のあることに時間を費やしたいのです。

掃除は嫌いではないけれど、1日中かけてピカピカにしても、汚されちゃいますし。なので、週に1～2回の掃除を完璧にして、あとの日は、気づいたときに上からほこりを落として、シートタイプのフローリングモップでパパッとすませます。手抜きですが、じつはこのほうが、掃除機だけで掃除をするよりもきれいになります。

掃除のキーポイントは、ほこりを上から下に落とし、それらを集めて取り除くこと。

だけど多くの方は、掃除機や特殊な洗剤が掃除を便利にしてくれると思っているから、掃除グッズや便利グッズを取り入れてしまうんですね。

レッスンに行くと、さまざまなアイテムに出会います。プロの掃除業者なら、それらを駆使して掃除するのでしょうが、一般家庭でそこまで求めると、家中が掃除道具だらけになっちゃう。

ほこりを上から下に落とすのは、はたきやモップを使います。落ちたほこりを集めるのは、から拭きの雑巾やシートタイプのフローリングモップ。集めたごみを取り除くときは、そこだけ掃除機で吸い込んでもいいし、水に濡らしたティッシュで拭き取るのでも構いません。

階段は、重たい掃除機を持って掃除するよりも、から拭きしながら上から下に這って降りてくるほうが断然ラク！　階段を傷つけてしまうこともありません。

階段でほこりが溜まりがちなのは、壁とのつなぎ目のでっぱり（幅木の上）と、1段ごとの四隅の角です。ここは掃除機でほこりを取り切れないゾーンなのです。から拭きなら、こんなところのほこりもササッと取れます。

リビングなどは、天井、照明器具、棚の上、エアコンの上にロングはたきをかけ、シートタイプのフローリングモップでサーッとほこりを集めます。最後に掃除機で吸い取って終わり。

キッチンも、乾いた雑巾でから拭きして、ごみ、ほこりを集めて取るだけ。

フローリングも階段もピカッと光って気持ちいい。掃除はから拭きするとピカッと光って気持ちいい。掃除はから拭きだけで充分です。

こう書くと、「大変そうー!!」と感じる方もいるかもしれませんが、飾り物がないわが家なので、全部やっても30分もあればできてしまいます。

週に1〜2回のしっかり掃除の日は、これに加えて部屋全体に掃除機をかけます。

掃除をするからと意気込まず、気づいたときに手軽にやる。

家が片づき、掃除がしやすくなれば、「家事と仕事と育児が忙しくて、きれいな家に住めない〜」なんてことはなくなりますよ！

ポケットのなかには布巾がひとつ

私のエプロンのポケットには、掃除用の布巾が入っています。ランプスタンドのほこりとか、棚の隅っことか、ちょっと目についたほこりを見つけたらすぐに拭うためです。

あとで掃除しようと思っていたのに、別の用事が入って、うっかり忘れてしまったり、ほったらかしてしまったり。これが積もり積もると、家中のどこもかしこもほこりが溜まって、掃除の手間が増えちゃいます。

気づいたときにパパッとできれば、ずっと手軽にきれいを維持できる。そのための仕組みが、エプロンのポケットに小さな布巾を忍ばせておくこと。

夜、いつものリセットが終われば、エプロンと一緒に洗濯機へ。「シャッターガラガラ閉店。お疲れさまでした」となるのです。

「光るところは光らせて」気持ちのいい家に

シンクや蛇口、ガラス、鏡など、光る部分がピカピカに輝いている家は、見ていて気持ちいいものです。「丁寧に暮らしているんだな〜」と感じます。

反対に、光る部分が曇っていると、フローリングの掃除などがきちんとされていても、途端に雑に見えちゃうから不思議。ちょっとの手間ですごくイメージが変わるので、ものすごくもったいないと思います。

「輝かせる？　うちは古いし、新しい家のような輝きは無理です！」

そうおっしゃる方もいらっしゃいますが、**どんな家でもピカピカは可能です。**片づけレッスンでも、最後に曇りを取り除く方法を伝授しますが、そうすると家が若返る感じがします。まさに家のアンチエイジング。

掃除の基本は「から拭き！」の通り、ピカピカに光らせるのも、から拭きがポイントです。シンクや蛇口は、メラミンスポンジで汚れを取り、最後に乾いた布巾で水滴を拭い取ります。から拭きすればするほど、ピカピカ光ります。

ガラスや鏡は、ガラスダスターを使ってもいいでしょう。ガラスダスターとは、マイクロファイバーを使った洗剤不要のクロスのこと。水に濡らすだけで拭けるので、手間がかからず、拭き跡も残りません。このクロスを濡らして、家を1周すれば、ざっくりきれいに仕上がります。

掃除は汚れを溜めて一気にするのではなく、「こまめにざっくり」が、いつもきれいな家をキープするためのコツ。「ここは光りそう！」と思ったところは、から拭きしてみて。なぜか心もウキウキしてきます。

ラクしてきれいにできる足元雑巾

わが家には、キッチンマットはありません。なぜなら、少しでも洗濯物を減らしたいから（笑）。

「お料理したり、洗い物をしたら、よごれて汚くないですか？」

とご質問をいただきますが、大丈夫。「料理しながら、足元では掃除をしています」と答えています。むしろ、キッチンマットがないほうが掃除がしやすいくらい。

ズボラな私は、料理中には足元に乾いた雑巾を1枚置き、水が落ちれば足でさっと拭っているのです。ちょっとお行儀が悪いですが、手はふさがっているし、わざわざ料理の進行を止めるのも時間がもったいないので、これだけは大目に見てもらっています。

食事の片づけが終われば、同じ**足元雑巾**でキッチンの隅からサッとから拭き。細かいごみを集め、最後にキッチンペーパーを小さくちぎって水で濡らし、ごみを拭い取ります。

キッチンマットがあると、こうはいきません。マットにこぼれたごみは掃除機やコロコロを出さないと取れませんし、床はマットをどかさないと拭けません。

足元雑巾は、普段はキッチンに置いてあるスツールの脚の横木にかけてあります。パパッと使えて、パパッとしまえる。

掃除機をかけなくても、キッチンの床はきれいになります。わざわざ掃除機を出すのは面倒だけど、これなら料理のたびに実践しても億劫になるほどじゃありません。いつでもキッチンはピカピカです。

お掃除ロボットが掃除をかなり助けてくれます

仕事と家事や育児との両立。日本の女性はまじめで献身的な方が多いなーと、レッスンをしていて感じます。

だけど、もうちょっとラクをしてもいいんじゃないかなーと思う部分もあるのです。

今は家事を助ける生活家電もたくさん出ています。**お掃除ロボットに食器洗い乾燥**

機に、洗濯乾燥機。手をかけなくても、同じくらいきれいにしてくれるなら、こうした生活家電の助けを借りてもいいんじゃないでしょうか。

わが家でも、この3つはフル活用。なかでも私自身が助けられていると思うのは、お掃除ロボットとドラム式洗濯乾燥機です。

今こうやって仕事をしながら、家事へのストレスを感じることなく過ごせているのは、まさにこれらの家電のおかげ。

先ほどご紹介した「しっかりお掃除」のときにかける掃除機というのも、じつはお掃除ロボット。「あとはよろしくね！」とスイッチオンしておけば、外出中であろうが、ほかのことをやっていようが、きれいに掃除が完了しているので、本当に助かります。

お掃除ロボットは、「床にモノが置かれていない」という状態でないと、万全には威力を発揮しません。だから、偉そうですが、片づけがちゃんとできている家の特権みたいなものですよね。

わが家では、ダイニングの椅子をテーブルの上にすべて上げてから、お掃除ロボットをかけます。ついでに椅子の脚の裏にコロコロクリーナーをかけて、ほこりを取っておけば完璧です。

家に帰ったときには、チリひとつなくきれいな状態。ストレスフリーで快適に過ごせるから、これは自分への投資だったと思っています。

片づく家事② 洗濯

片づけまでの流れをシステム化してしまおう

私が家族それぞれに管理してもらっていたモノのひとつが、洗濯物の仕分けです。

じつはわが家の脱衣カゴは、2段式スリッパ収納棚。省スペースだし、上下で仕分けができるので、脱衣カゴとしてもけっこう使えます。

普通に洗濯していい衣類は、上段に。手洗いが必要な衣類、色移りが心配な白物、乾燥機にかけてほしくない衣類は、下段に。

洗濯担当の私がわざわざ分類しなくても、家族の責任でそれぞれ分けてカゴに入れてもらえば、洗濯の手間が大幅に減らせます。家族の自立心を養う母の愛です（笑）。

もし、乾燥機にかけてはいけない衣類が「乾燥機までかけていいモノ」のほうに入っていたら、責任はその人にアリ。家族で責任をなすりつけ合うようなことにならないし、子どもたちの自立心を養うことにもなるので、なかなかよい方法だと思っています。

私は、毎夜、寝る前に洗濯乾燥コースをセットして休みます。朝になれば、ホカホカときれいに仕上がった洗濯物を所定の場所に戻すだけ。

タオルや下着はそのまま洗濯機の上でたたみ、後ろのラックに収めます。個人個人の衣類は、夫のモノは私が管理しますが、娘と息子のモノはざっくりたたんで、それぞれの部屋に用意したカゴに入れ、各自で収納してもらっていました。

手洗いコースの衣類は、だいたい2日おきに、量が溜まれば洗います。干すのは各自の部屋に。ハンガーにかけて、クローゼットの取っ手やカーテンレールに干しておきます。乾いたら、あとは各自で収納。

ハンガーそのままでクローゼットに移すだけなので、これぐらいなら子どもたち自身でできますよ。家族で協力する。こういう習慣がけっこう大切だと思うのです。

こうして**洗濯が流れ作業になると、まったく面倒でなくなります。**

ちなみに、わが家では雑巾も布巾も、さっと予洗いしてから一緒に洗濯機で洗います。普段、気づいたときにちょこちょこ掃除をしていれば、雑巾はから拭きでほこりを拭う程度なので、靴下のほうがよっぽど汚い。

というわけで、一緒に洗ってしまっても全然平気。一緒に洗濯機にかけられれば、これまたラクチン時短家事が実現しますよ！

洗濯は毎日したほうがラク

「洗濯物が多くて大変！　休みの日は洗濯と掃除で1日が終わってしまい、自分の時間なんて取れません!!」

そういう悩み、よく聞きます。**仕事と家事の両立は難しい。私が毎日、洗濯機を回すのも、まさにこの理由から。**

毎日、洗濯機を回すと、洗う衣類の量が少なくなります。しまうときも、必要最小限の時間ですみます。だから、バタつきがちな朝の時間でも洗濯物をしまえるのです。洗濯物を溜めて一度に回すとなると、洗濯乾燥機を使っていても、しまうのが億劫になります。乾燥機能が付いていないとさらに干す手間まで加わって、とっても大変！

手間を減らすには、「洗濯物の山を減らす」こと。毎日、洗濯するのは一見、面倒に思えるかもしれませんが、絶対にラクだと思います。こまめに洗っておけば、衣類の予備軍が最小限ですむし、狭いランドリールームに置く脱衣カゴも小さいモノですんじゃう。

私が熱を出してダウンしても、家族の誰かがスイッチだけ入れてくれれば、翌朝には洗濯が終わっています。家族には、「できあがった洗濯物から使ってね」とだけ言っておけば、洗濯物の山もできず、回復すればすぐに仕事復帰できるというわけ。

片づく家事③　料理

生鮮食品と賞味期限が近い食材をムダなく使う

せっかくキッチンカウンターがあっても、物置きスペースになっている家をよく見かけます。

キッチンカウンターに限らず、ダイニングテーブルや調理台の上にモノがなければ、食材を全部そこに出して、効率よく料理に取り組むことができるのにもったいない。
いちいち冷蔵庫の扉を開けて、食材を出したりしまったりする必要がないので、調理のスピードが断然アップするのです。「これ、そろそろ使っておかないと」という食材の使い忘れも防げます。

料理に取りかかる前には、献立を考えたあと、もう一度冷蔵庫をチェックしてみましょう。賞味期限が切れそうな食材があれば、すぐに調理スペースに出しておいて、レシピを考えます。すぐにアイデアが浮かばないときは、ネットで検索。これで、食材のムダが出ません。

モノが出しっぱなしになっていないキッチンは、それだけ調理のストレスがかからないということですね。

野菜を切るときは、まとめてやるとあとで使える！

何ごとも順番って大事。**料理の下ごしらえなら、衛生面を考えて生野菜から先に調**

理します。肉や魚はあとから。こうすれば、まな板をいちいち洗わなくてすみます。

そのためには、**野菜を切るときにはある程度まとめて切る！**　サラダに使うトマトやタマネギも、味噌汁に使う豆腐やネギも、メイン料理の付け合わせにするインゲンも、まとめて切っておきます。1品ずつ準備するのではなく、並行して行うほうが動作にムダがないので、確実に時間短縮ができます。

野菜は、洗って皮をむいて切るまでの作業がすごく面倒ですよね。だから私は、調理中に半分しか使わなかったタマネギなどは、そのとき一緒に刻んで、フリーザーバッグに入れて冷凍しておきます。これがあるととっても便利なんですよ。

その日に使わない食材も、まとめて切っておけば、次の料理に活かせます。おすすめのテクニックです。

野菜は何でも冷凍してOKです

料理で面倒なのは、野菜の下ごしらえです。洗う、皮をむく、切るまで終わっていたら、野菜くずも出ませんし、すぐに炒めたり煮込んだりできます。

この洗う、皮をむく、切るまでを、時間のあるときにやって冷凍庫に入れておくと、ものすごい威力を発揮します。

いろいろ試してみましたが、生のジャガイモ以外は大丈夫。火を通す料理なら、たいていの野菜が冷凍で対処可能です。タマネギ、白菜、白ネギ、シイタケ、エノキ、大根、ニンジン……**すべて冷凍できます。**

ここまでしておけば、具だくさんの味噌汁、ラーメンの具材、焼きそば、カレー、スープだって、いつでも簡単につくれます。かつて料理をしなかった夫ですら、「これは便利」と、唯一つくれるインスタントラーメンに野菜を入れていたぐらい。

トマトが余ったときは、丸ごと冷凍しておけば、皮がツルンとむけて便利です。カレーや煮込みに凍ったまま使えます。

きのこ類は、冷凍保存をしたほうがうまみが増すそう。使う分量ずつ小房に分けて、石づきを切り落として冷凍します。歯ごたえのあるエリンギやシメジは、冷凍すると食感が柔らかめになるので、炊き込みごはんなど細かく刻む料理に使えば違和感がありません。

野菜は半端に残さず、
まとめて切って冷凍に！

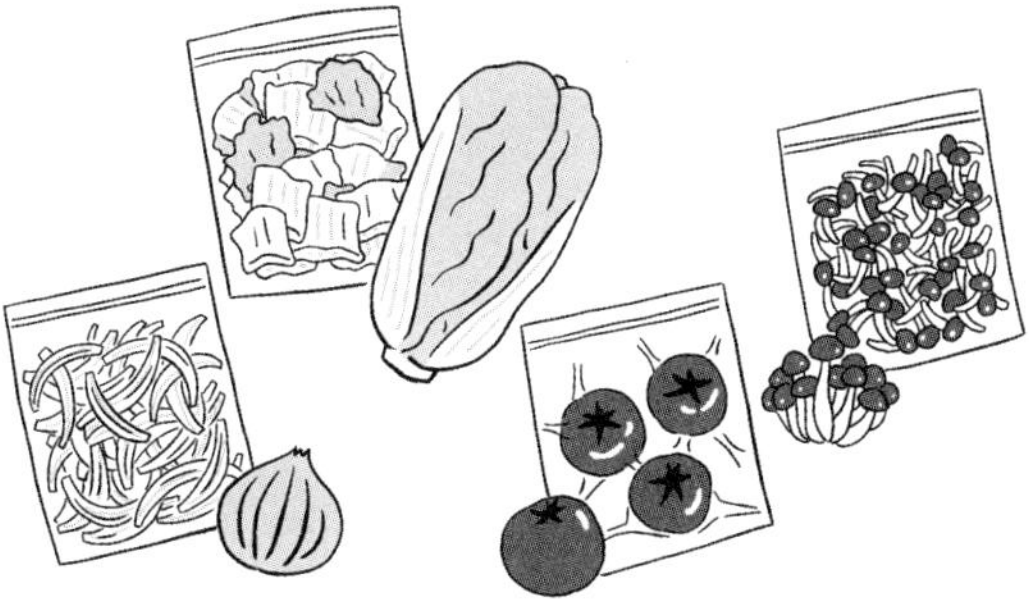

その日に全部使わなかった野菜は、残りも切って冷凍しておくと、ムダにすることなく、次の料理の手間も省けます。
玉ねぎ、白菜、トマトなど、種類ごとに保存袋に入れておくと使いやすいですよ。

タマネギは薄くスライスして冷凍しておくと、繊維が壊れやすくなるんだそう。なので、飴色タマネギがいつでも簡単につくれます。パスタやカレーに便利。

同様に、白菜も冷凍するとくたくたになりやすいので、鍋や煮物に使うとより美味しくできます。

ネギは切り立てが一番美味しいけれど、賞味期限が短いので、使い切れそうにないと思ったら、即冷凍します。ネギ塩だれにしたり、朝の忙しいときの味噌汁の具になったり、肉を漬け込むときに使ったり、炒めもののときの油の香りづけなどに使用しています。

1回で使い切ることの難しい三つ葉も、茶わん蒸しやスープに入れるなら、冷凍でも全然問題なし。

朝が弱い私は、調理の手間を大幅削減してくれるマイ冷凍食品がないと大変です。

食器洗いの手間を減らすワンプレート料理

食事が終われば、待っているのは洗わなければいけない調理器具と食器たち……。私も食事のあとのリセットにはげんなりすることがあります。そんなときは、食後のコーヒーをご褒美に、ヘッドフォンをして音楽を聴きながら、気分を盛り上げて一気にやってしまいます。

けれど、ものすごく疲れているときは、**ワンプレートに盛り付けて、「洗い物は人数分のお皿だけ」**ということもよくやっています。

海外では、ワンプレート料理は当たり前。私も、とくに洗い物を少なくしたいランチは、ワンプレート料理が基本です。食洗機もドンドン活用しています。

ある日のわが家のランチは、前日の夕飯で残った豚《トン》トロを温め、タレとともにごはんにのっけたものに、海苔とごま油と塩で和えたキャベツ、くし形切りにしたトマトの盛り合わせでした。超お手軽の時短メニューです。でも、メインと副菜2品くらいをバランスよく盛り付ければ、ワンプレートでも見栄えがします。お試しあれ。

献立を考えるのも、つくるのもラクするには

私の料理との付き合いは、小学3年生のときから。母からこう言われたのがきっかけでした。

「3000円で家族4人分の晩ごはんをつくってくれない？　残りはお小遣いにしてもいいわよ」

——お釣りが全部お小遣いになる!?　その魅力的な言葉にひかれ、いそいそと料理を始めた私。もともと料理番組が好きでよく観ていたので、実際に料理をするのもけっこう楽しかった記憶があります。

小さいころから料理に取り組んでいたので、結婚しても料理には困らないはず……のつもりでしたが、これが大間違い。商売で忙しかった主人の母は、手づくりするよりも外食やお惣菜派だったので、夫は家庭の味が苦手で、何をつくっても渋い顔だったのです。

シチューや煮物、ハンバーグ、肉じゃがやコロッケも嫌い。唯一、喜んでくれたの

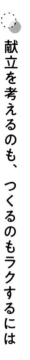

が、上等の肉を焼いたときとお造りだけ。それ以外は、「卵焼きにして」とか「ハムを焼いてくれへん?」と言われる日々……。

毎日、朝から頭のなかは「何をつくったらいいの?」と、夕飯のことでいっぱい。少しでも失敗しないために、レシピ本どおりにつくることばかり心がけていました。

でも、そうやっていると、冷蔵庫には使い切れない食材が溜まり、ダメになることもしばしばなんですよね。レシピに合わせるためには、買い物も毎日行かなきゃいけない。

しかも、レシピを見ながらの料理はとっても疲れました。調味料の配合なんか、「いつか覚えるかな」と思っても、覚えない覚えない(笑)。しょうゆが大さじ3、酒が大さじ2……なんて、料理ごとにぴったり覚えるのは至難の業《わざ》です。

その状況が変わったのは、子どもが生まれ、仕事が忙しくなってから。夫の好き嫌いに構っていられなくなり、「ちょっとずつあれこれ」つくる方法に献立が変わっていったのです。冷蔵庫にある食材を見て、ちょっとずつ使ってあれこれつくる。

たいしたものではありません。キュウリをごま油と塩昆布で和えただけとか、大根のきれっぱしを生姜醤油で炒めただけとか、ジャガイモを千切りにしてバターで炒め、目玉焼きをのせるだけとか。だけどそうしたら、超簡単なのに、夫から文句が出なくなった……！　「なんだったの、今までの苦労は!?」でした。

ちょっとずつあれこれつくれば、好きなおかずと嫌いなおかずが食卓に並びます。嫌いなおかずがあっても、好きなおかずがあれば、文句はそんなに出ないんですね。「美味しい」と言われたものは、次からちょっと多めにつくったりしますし。

これで献立のリスクヘッジが大成功！　しかも食費まで浮いてしまう。今では夫の好き嫌いもほとんどなくなりました。

そしてコロナ禍以降は、週に1度食材を購入しています。5日分の食材を買って調理し、残りの2日間は余った食材を組み合わせて、結果1週間分の食事ができます。

レシピは有用ですが、それに縛られすぎないほうがいい。食材のまとめ買いをすると、否応なくレシピに縛られなくなるので、料理上手への近道だと思います。

料理はレシピに縛られなくても、舌の感覚と見た目で「ちょっとずつあれこれ」つくればOK！　だと思っています。少々、調味料の分量が違っても、大すじが間違っていなければ、ほとんど失敗はしません。注意するのは、最初は薄めに味つけすることくらい。

生徒さんのなかに、「料理は嫌い！」とおっしゃる方がいました。レシピ通りに材料をそろえ、野菜も細かく切って、がんばってミネストローネをつくったら、そこで力つきてしまい、家族に「これしかないの？」と言われたからだそうです。

たしかに、ほとんど料理をしたことがない人や、食べたことがない料理をつくる場合は、最初にレシピ通りにつくってみて、味を覚えることが必要かもしれません。私もおもてなし料理をつくるときは、レシピをきちんと見ますが、レシピなしで「なんとなくこんな感じかなー」と舌と見た目でつくった料理こそが家庭の味なわけで。余った力で、グリルでチキンでも焼いたほうが、きっと家族も喜んで、作る本人もラクなんじゃないかなと思います。

キッチンのリセットには布巾が欠かせません

レッスンでは、キッチンのリセットについても必ず触れます。

料理をするのが億劫になるのは、シンクが汚れていたり、洗い物が残っていたり、洗いカゴに食器が残っていたりするとき。リセットから始まる料理は、誰でも面倒です。

家族の健康をつくるキッチンは、いつもきれいにしておきたいもの。そこでおすすめしているのが、**食器を洗ったら、すぐに拭いて片づけてしまう**こと。

食器を出しっぱなしにしなければ、キッチンの見た目はスッキリ。作業台の上はつねに広く保てますし、次に料理にとりかかるときに、片づけから入らなくてすみます。

カトラリーやボウルなどのステンレス製のモノは、水気をそのままにしておくと、曇ったり、水滴が跡になったりして、見た目にも美しくありません。

洗ったお茶わんひとつを拭くのに、1分もかかりません。小さな積み重ねが、大きな面倒を解決してくれるのです……。

拭くというのが、なによりきれいをつくることになるので、私は布巾の使い心地にはこだわります。いいモノがあれば、生徒さんに教えてもらっています。

今のところ、私がキッチンで愛用している布巾は以下の3種類。

〈キッチンで使う布巾・タオルの種類〉
・食器拭き――クラークト
・台拭き――激落ちふきん
・手拭き――ニトリで買った紺色タオル

「クラークト」は、リネンとコットン混紡の布巾です。大判なので、食器を包み込んで拭くことができ、吸収力も◎。見た目もかわいいので、ウキウキしながら食器が拭けます。

「激落ちふきん」は、言わずと知れたマイクロファイバー製で、洗剤がなくても油汚れをスッキリ落としてくれます。手ごろ価格なのも魅力。

手拭きは、基本的には何でもOK。ニトリの紺色タオルは、シンク下の収納扉にかけたときに大きすぎず小さすぎずなサイズと、シックな色みが

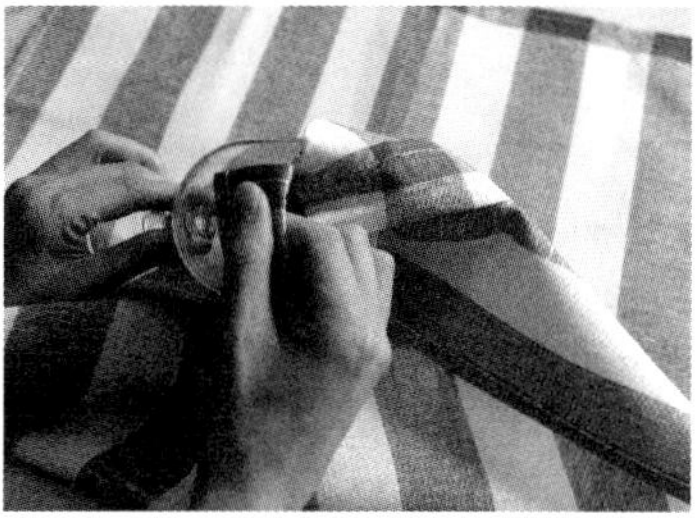

大判で吸収力があり、丈夫な「クラークト」。さらにかわいいので、キッチンに置いていてもテンションが上がります。
■ザッカワークス　https://www.zakkaworks.com/kracht/

気に入っています。「シャッターガラガラ閉店」でシンクの水気を拭き取るのも、1日使った手拭きタオルです。

使い終わった布巾は、食器拭きだけは手洗いしますが、それ以外は洗濯機に放り込んで洗います。ズボラな私でも継続できる、キッチンリセットの仕組みです。

覚えておくと使える！　石阪人気レシピ

幼いころから料理好きだったとはいえ、まったくの素人の私の料理。ではありますが、片づけレッスンがお料理レッスンに早変わりすることがよくあります。

片づけ終わったキッチンで調理の流れを感じていただくために、デモンストレーションとして簡単な料理をつくることもあれば、「フェイスブック」にアップしたわが家の夕飯の写真を見て、「コレのつくり方を教えて！」という生徒さんもいるからです。

そこで、レッスンで好評の**「ホウレンソウのキッシュ」**と**「煮豚」**のつくり方をご紹介して締めましょう。見栄えがよくて、美味しくて、簡単といったら、断然この2つ。覚えておいてソンはないレシピです。片づけ終わった広々としたキッチンで、ちょっと本格的な料理を演出したいときに、ぜひつくってみてください。

〈ホウレンソウのキッシュ〉

これは、結婚式場でもらったレシピ本から見つけた、簡単キッシュのレシピ。新婚時代、友達が遊びにくるときのおもてなし用に、ちょっと華やかでこじゃれた料理はないかと探していたときに見つけました。

それ以来、数えきれないほどつくってきました。なんと、ママ友から「ホウレンソウのキッシュの石阪さん」との異名をとるほど。本当に大好評で、

パーティでも大好評の「ホウレンソウのキッシュ」。ホウレンソウ以外の野菜でもつくれます。

みんなから「教えて教えて！」と言われるので、私の友人はほぼ全員つくれます（笑）。

ホウレンソウがなければ、アスパラガスでもカボチャでもジャガイモでも、なんでも美味しくできちゃいます。絶対に外せないのは、長ネギとキノコ類。正式なレシピにはマッシュルームと書かれていますが、冷蔵庫に残っているネギにエノキやシイタケでもイケます。

（つくり方）

まず、ホウレンソウ1束をゆでます。私は鍋を洗うのが面倒なので、ラップしてチンですませています。冷めたら水けを絞り、3～4センチほどの長さに切ります。長ネギは1本を5センチほどの長さの太めの千切りに。1パック分のきのこは薄くスライスしておきます。

ボウルに卵4個を割り入れ、生クリーム1パック（200㎖）を注ぎます。そこにシュレッドチーズをひと握りバサッ。全体をざっとかき混ぜ、塩・コショウ、ナツメグを少々。味見をして、美味しいと思えばOKです。

フライパンにバターを溶かし、長ネギを色が変わってしんなりするぐらいまで炒めます。続いて、きのことゆでたホウレンソウも入れて、きのこに火が通るくらいまで軽く炒めます。炒め終わったら、卵液のボウルに投入してかき混ぜ、耐熱皿に流します。180度のオーブンで30分ほど焼いたらできあがり。

できたて熱々で食べても美味しいし、冷めても美味しくいただけます。身近な材料で手軽にフランス料理の気分が味わえる、おトクなレシピです。

〈煮豚〉

こちらは、つくり置きしておくととっても便利。

スライスして辛子をつけて食べたり、細かく刻んでチャーハンの具材にしたり、もちろんラーメンのトッピングにも使えます。サンドイッチやサラダにしても豪華ですし、トーストしたパンに挟んでクラブサンドにしても美味しいですよ。

（つくり方）

鍋に油をひいて、生姜と長ネギのブツ切りを入れて炒めます。香りが立ったら、豚肩ロースのかたまり肉またはスペアリブ用の豚肉を投入。肉の表面をしっかり焼いたら、鍋のなかの油をキッチンペーパーでざっと拭き取り、酒を入れてジュッといい音をさせます。すでに美味しそう！

鍋に肉がかぶるくらいの水を入れ、だいたい肉400gにつき、中華スープの素、オイスターソース、みりん、しょうゆを各大さじ1杯ずつくらい入れます。調味料の分量は、味を見て調節してください。足りないより、濃すぎるぐらいでちょうどいい。

鍋に火をかけ、肉の大きさにもよりますが、圧力鍋ならだいたい20分、普通の鍋なら40分ぐらいを目安に中火で煮ます。

肉を上から押してみて、弾力がしっかりしていたらできあがり。わからない場合は、肉を半分に切ってみて、煮あがっていなければそのまま煮込めばよし！

アツアツより冷まして食べたほうが美味しいので、粗熱がとれたら冷蔵庫へ。

ウチの家族はこの煮豚が大好物で、食卓に出すとみんなすぐに手が伸びて、あっという間になくなります。でも、残ったとしても大丈夫。保存容器に煮汁に漬けたまま入れて冷蔵庫で3～4日は日持ちするし、スライスして冷凍しておけばラーメンの具にもすぐ使えます。「料理が苦手」という人ほど試してみてほしい万能レシピです。

片づけ終わった家では、家族で囲む食事タイムも心地よくなります。**モノに囲まれて食べていたころより、料理が何倍も美味しく感じられるはず。**

ストレスのないキッチンで料理を楽しみ、家族みんなで舌つづみを打つ。子どもたちもお手伝いがやりやすく、後片づけもラクチン。

片づけ切って手に入ったそんな至福のひとときを実感するために、2つのレシピ、活用してみてください。家族みなさんにも喜んでもらえると思います。

つくり置きとしておすすめしたいのが「煮豚」。
食卓にあれば家族全員大喜び！

おわりに

先生、ただいま帰りました。

玄関には、何もありませんでした。靴もすぐにしまえました。

モノをまたいだり、乗り越えたり、ドアの上に吊るした洗濯物ののれんをくぐり抜けることなく収納部屋に入り、鞄を棚のゴールデンゾーンに置いて……。

まんなかに設置したお出かけ準備ゾーンで、着ていたコートと服を脱ぎ、部屋着に着替えました。床はお気に入りのふわふわのラグのみ。

リビングも、モノをよける必要はありません。

ご心配のキッチンですが、きちんとリセットしています。

冷蔵庫とカップボードもスッキリ。

寝室も布団ぐちゃぐちゃじゃないです。朝、整えて出ました。

先生、私、帰り道にコンビニの手前ぐらいで足が止まり、急に涙がこみ上げてぼろぼろ泣きました。今も涙が止まりません。
整った家に帰れる嬉しさ。ずっと片づけられなかった苦しさ。
もっとちゃんと生きたいと、ずっと自分を責めてきました。
毎日毎日、どうしてできないの？　今日こそは片づけよう。
その思いが強ければ強いほど、できないことがつらかったんだと思います。
でもそのことに気づけないほど、私は疲れて麻痺していました。

涙が止まらないくらい、今がラクであるということ。
旦那さんは私が泣いていても、どうしてかはわからないでしょう。
きっと、私にしかわからないと思う。
できない毎日、苦しい毎日から、私は救ってもらいました。
これから引き出しのなかや棚ごとに片づけは必要ですが、負担は全然違います。
まだ卒業したくないです（笑）。先生は私の片づけの母ですから……。

＊　＊　＊　＊　＊

このメッセージをくださったのは、仕事と家事の両立に悩んでいた若い奥さまの生徒さん。Aちゃん、あなたはもう大丈夫！　仕事も家事もがんばって、たったひとつ苦手だった片づけは完璧に思考改革されました。

何度も「今」と向き合いましたね。行きつ戻りつしながら、仕事と家事の切り替えがラクにできる方法を考えて、片づけの向こう側にたどり着きました。

本書をお読みのみなさんも、片づけを難しく考えないで、「どうしたら自分がラクになれるのか」というところを考えてみてくださいね。ラクしちゃっていいんです。

洋服が少なければ、洗濯したモノが山積みになったとしても、小さな山ですみます。

家のなかにモノが少なければ、あちこち探し回ることがなくなります。

家族がやりやすいように整えておけば、自分のモノは自分で管理してもらえます。

必要な量を絞り込めば絞り込むほど、なりたい自分になれてしまう。家を整えるのは単純なこと……でもこれは一生モノの技術です。

家事にも、時間管理にも、人付き合いにも、家計にもプラスになって、人生を軽やかにしてくれること――それが片づけ。これほどたくさんの素敵な効果が得られることって、片づけ以外にはちょっと思いつかないんじゃないでしょうか。

ずっと片づけが苦手な普通の主婦だった私ですから、

「片づけって、ただ家をきれいにするだけじゃない、片づけひとつで人生が変わるんだ」

と気づいたときは、すごく大きな発見をした気分でした。

今でもみなさんと一緒に家を片づけるときには、この感動を新たにし、学ばせていただいています。何のために片づけをするか胸にしっかり刻み、ゴールを見据え、片づける順番を工夫すれば、たった3日で片づいてしまうことも大きな発見でした。

みなさんにも、本書を読んで私と同じように感動の気持ちを味わってもらえたら、これほど嬉しいことはありません。そしてお友達やご両親にも「きれいは心地よいことだよ」と、片づけの輪をぜひ広げていってください。

片づけが終われば、新たな人生の始まりが待っています。そんな新しい人生の出発の日に、本書があなたの片手にありますように。

石阪京子

本書は、講談社より刊行された単行本を文庫収録にあたり、加筆・改筆・再編集したものです。

石阪京子（いしざか・きょうこ）

片づけアドバイザー。宅地建物取引士。JADPメンタル心理カウンセラー・上級心理カウンセラー。大阪で夫と不動産会社を営むうちに「新居が片づかないために理想の暮らしを諦めてしまっている」お客様がいることに気づく。自分にできることはないかと女性目線での建築設計、引っ越し後のアフターフォローとして家の片づけを提案。独自のメソッドは一度片づけをしたらリバウンドしないことで知られ、これまでに1000軒以上の片づけに成功。現在は片づけレッスンのほか、オンラインセミナー、トークイベント、収納監修などを行っている。

著書に『一回やれば、一生散らからない「3日片づけ」プログラム　これが最後の片づけ！』『人生が変わる　紙片づけ！』（以上、ダイヤモンド社）、『夢をかなえる7割収納』『家事の「しないこと」リスト』（以上、講談社）などがある。

公式ブログ　http://kyokoishizaka.blog.jp

知的生きかた文庫

一生《いっしょう》リバウンドしない！　奇跡《きせき》の3日片《かた》づけ

著　者　石阪京子《いしざかきょうこ》
発行者　押鐘太陽
発行所　株式会社三笠書房
〒一〇二-〇〇七二　東京都千代田区飯田橋三-三-一
電話〇三-五二二六-五七三四〈営業部〉
　　〇三-五二二六-五七三一〈編集部〉
https://www.mikasashobo.co.jp
印刷　誠宏印刷
製本　若林製本工場

ISBN978-4-8379-8787-1 C0130

知的生きかた文庫
わたしの時間
シリーズ

「免疫力が高い体」をつくる「自然療法」シンプル生活

東城百合子

110万人が実証済み！　病気や不調が消えていく、「食事・手当て・生活習慣」。自然療法の大家による、待望の〝生活バイブル〟！　自分の体が変わる気持ちよさ、そして運勢も自然に開けていく幸せを、本書でぜひ体感してください。

ベスト・パートナーになるために

大島　渚【訳】

「男は火星から、女は金星からやってきた」のフレーズで世界的ベストセラーになったグレイ博士の代表作。「〝二人のもっといい関係づくり〟の秘訣を何もかも教えてくれる究極の本です。」推薦・中山庸子

ベストフレンド ベストカップル

大島　渚【訳】

この本を読んでくれる人たちよ、ぜひ、あなたの一番大切な人と一緒に読んでください！　時々読み返し、アンダーライン等して二人で語り合えば、あなた方はすばらしい愛の知恵を身につけられることうけあいです。（大島　渚）

C30138